JOACHIM SCHULT

So arbeitet
das Segel

Betriebsanleitung für unseren Windmotor

KLASING & Co GMBH

Anmerkung des Verfassers:

Urheberrechtlich geschützt sind der systematische und vollständige Bezug aller segeltechnischen Vorgänge auf den wirksamen relativen Bordwind sowie die Methode der einheitlichen graphischen Gestaltung der Richtungen und Kräfte der Luftströmungen im Prinzip und im Detail.

5. verbesserte und erweiterte Auflage

ISBN 3-87412-115-1

Printed in Germany 1990
Umschlag: Ekkehard Schonart
Druck: Ludwig Auer GmbH, Donauwörth

Inhalt

Unser Segel als Windmotor

Die Energiequelle unseres Segelbootes ist der Wind. Aber diese Fähigkeit des Windes, Arbeit zu leisten, wird in den neuzeitlichen Schul- und Lehrbüchern (meistens) einfach vergessen. Hier werden nur noch Kohle und Erdöl, Erdgas und Atomenergie sowie das Wasser als Energiequellen genannt. Die fließende Luft scheint heute zur Bedeutungslosigkeit verdammt zu sein, obwohl die Entdeckung unserer Erde, der Verkehr zwischen Ländern und Kontinenten sowie die Weltwirtschaft bis an die Schwelle unserer Zeit ohne die Windenergie undenkbar ist.

Heute sind wir Sportsegler (fast) die einzigen, die in einer Menschheitsepoche so hoher Ansprüche an die Energiewirtschaft mit der mißachteten Windkraft vorlieb nehmen. Das hat dazu geführt, daß mancher Jollen- oder Kreuzersegler gelegentlich selbst der Versuchung unterlag, seinen Energiespender Rasmus, den Wind, zu unterschätzen. Solche Fahrlässigkeit oder solcher Leichtsinn hatten dann auch böse Folgen. Denn fließende Luft ist nicht nur eine sehr lebendige Kraft, unser Segel ist auch eine gar nicht so simple Kraftmaschine, wie mancher Sportschipper es zuerst wohl annimmt.

Es schien mir notwendig zu sein, zwischen die zahlreichen Anfängerbücher für den Segelsport, die (leider) auf die Wirkungsweise unseres Segels überhaupt nicht eingehen (können), und die anspruchsvollen Werke der Aerodynamik, die auch für den erfahrenen Segler (oft) schon zu tiefschürfend sind, diese „Betriebsanleitung für unseren Windmotor" zu stellen. Es sollte ein Buch für den Anwendungstechniker an Schot und Pinne werden, der neue theoretische Erkenntnisse in seiner Praxis an Bord verwerten muß, aber in seiner freien Zeit zum Lernen und Experimentieren meistens durch einen lästigen Nebenberuf zum Geldverdienen eingeschränkt ist.

Der Inhalt dieses Buches liegt dort, wo viele der anspruchsvolleren Bücher einfach halt machten: Es bringt die Diagramme und Kalkulationen, ohne die man die Segeltechnik nun einmal nicht erklären kann, in enger Beziehung zur seglerischen Praxis. Und es versucht, die Diskrepanz zwischen den offensichtlich wenigen Gescheiten unter uns Seglern, die durch ihre besseren aerodynamischen Kenntnisse unaufhörlich neue technische Tricks zur Verbesserung unseres Windmotors erfinden, und den vielen Anwendungstechnikern an Bord, die sie (oft) unvollkommen nachahmen, ohne ihre Gründe (meistens) ganz zu verstehen, ein wenig überbrücken zu helfen.

Hierbei habe ich mich bemüht, auch komplizierte Zusammenhänge einfach darzustellen, scheinbar simple Dinge endlich einmal ausführlich zu erläutern und letztlich dort mit der Betrachtung anzufangen, wo die klugen Köpfe im allgemeinen abbrechen, weil sie sie für selbstverständlich halten. Natürlich ist alles einfach (wie schon ein pädagogischer Leitsatz sagt), und nur das Einfache ist schwierig – schwierig zu verstehen, noch schwieriger, in anschaulicher Weise darzustellen.

Texte und Anschauungsmaterial sind nach dem Motto „Dazulernen, ohne sich anzustrengen" gestaltet worden. Ich hoffe daher, daß dieses Buch einem lehrreichen, aber nicht zu schweren Freizeitkolleg dienen kann.

Hamburg, März 1990   Joachim Schult

Porträt eines Unsichtbaren:
Der atmosphärische Wind

Der Wind ist der Kraftstoff unseres Bootes. Er liefert uns die Antriebs-
energie für unseren Windmotor, das Segel, und er spielt dabei eine
ähnliche Rolle wie das Benzin als Kraftstoff unseres Automotors. Wenn
man beide Energien miteinander vergleicht, schneidet der Wind gar nicht
so schlecht ab:
Mit seinem Auto muß man zur Tankstelle fahren, um Kraftstoff für den
Motor zu übernehmen. Zwar muß man nur an der richtigen Zapfsäule
halten, um sich mit Dieselöl oder Benzin, mit einfachen oder kräftigen
Vergaserkraftstoffen zu versorgen. Aber man muß diesen aus Erdöl gewonnenen Lebenssaft unseres Motors im Tank mitschleppen; das ist
nachteilig. Er riecht schon beim Einfüllen unsympathisch. Wenn sich
Benzindämpfe mit Luft vermischen, sind sie gefährlich. Die Abgase, die
nach der Verbrennung im Motor den Auspuff verlassen, verpesten die
Luft – und last not least: Die Leistungen an unserer Tankstelle sind nicht
kostenlos; Benzin und Dieselkraftstoff kosten Geld.
Den Kraftstoff unseres Segelbootes, den Wind, muß man nicht bezahlen.
Man kann ihn aber auch nicht kaufen, sondern muß ihn fangen. Man
kann den Wind nicht sehen, er läßt sich nur fühlen. Man muß ihn auch
nicht mitschleppen, er kommt überall und jederzeit allein an Bord. Die
Sonne selbst liefert uns diese saubere Windenergie, die keine Rück-
stände hinterläßt – aber man muß sie finden und nutzen lernen.
Wie der atmosphärische Wind entsteht, haben wir schon in der Schule
erfahren. Wie er sich als Teil des Wettergeschehens verändert und warum
diese unterschiedlichen Winderscheinungen die Folgen einer Vielzahl
von Ursachen und Wirkungen sind, die sich dazu noch in Wechselwirkun-
gen gegenseitig beeinflussen, ist in zahlreichen speziellen Fachbüchern
ausführlich erklärt. Ich kann daher auf eine Wiederholung verzichten.
Hier wollen wir nur einen Blick in die Trickkiste dieser Naturkraft werfen,

die schon unsere Urahnen personifizierten, weil sie oft unberechenbar und tückisch war. Diese örtlich und zeitlich begrenzten Besonderheiten des atmosphärischen Windes, die eigentlich nur uns Segler interessieren, sind entweder zu detailliert oder zu unbedeutend, um in der Wettervorhersage erwähnt oder beachtet zu werden. Für uns aber können sie oft entscheidend sein, wenn wir auf begrenzten Revieren unsere Regatten segeln oder von Langfahrten über freie Seegebiete noch termingerecht den Hafen erreichen wollen.

Sogar die Experten der Wetterkunde, die Meteorologen, die Rasmus W. an allen nur erdenklichen Plätzen unserer Erde mit einem Heer von Wetterkriminalisten und mit Hilfe von ausgeklügelten Meßgeräten nachspüren, werden von ihm immer wieder an der Nase herumgeführt. Der Spaß an der Freude beginnt beim Segler also mit Necken und Fangen, und weil man bei diesem Spiel mit dem atmosphärischen Wind nur seine fünf Sinne braucht und derjenige der Sieger wird, der mit allen seinen Sinnen das Wirken dieses unsichtbaren Riesen am besten sehen, fühlen und hören kann, sind die Teilnahmebedingungen für alle – unabhängig von Bildung und Wissen, Alter und Geschlecht – weitgehend gleich. Das Spiel ist noch aus einem anderen Grunde besonders reizvoll: Hier werden Sinnesleistungen gefordert, die sonst im Leben nur zu verkümmern drohen.

Um uns verständigen zu können, wollen wir die Nomenklatur mit den wichtigsten Begriffen zusammenstellen, über deren verschiedene Wechselbeziehungen wir uns dann ausführlich unterhalten werden:

Die Richtung des atmosphärischen Windes

Der atmosphärische Wind ist eine horizontale und vertikale Bewegung der Luft; beide Bewegungsrichtungen sind meistens nicht voneinander zu trennen. Was in den Fachbüchern der Meteorologie (auch für Segler!) allgemein nur einfach als „Wind" bezeichnet wird, müssen wir hier genauer als „atmosphärischen Wind" definieren, den man als Folge des Wettergeschehens sowohl an Land wie auf See spürt – aber nur auf einen

unbeweglichen Beobachtungsort bezogen! Für den Segler an Bord hat dieser atmosphärische (oder „wahre") Wind nur eine relative Bedeutung; denn auf einem fahrenden Boot herrschen andere Windverhältnisse. (Doch darüber später mehr.)
Die Windrichtung ist erkennbar. Man bezeichnet den atmosphärischen Wind nach der horizontalen oder vertikalen Richtung, aus der er weht: Die Winde der Großwetterlage werden geographisch nach den Himmels-

Abb. 1

11

richtungen benannt: Nordwind weht aus dem Norden, Ostwind aus dem Osten usw. Auch entsprechende Kombinationen sind üblich: Nordostwind, Nord-Nordostwind, Ost-Nordostwind usw. Weniger gebräuchlich sind genauere Richtungsangaben nach der 360°-Skala. Örtliche horizontale Winde bezeichnet man als Seewind, wenn sie von See kommen, als Landwind, wenn sie von Land kommen usw. Vertikale Winde werden als Fallwinde bezeichnet, wenn sie von oben nach unten wehen, als Bergwinde, wenn sie vom Berg ins Tal wehen usw. Nur noch in Büchern findet man die in der Praxis nicht mehr gebräuchliche Einteilung in eine Skala von 32 Strichen. Alle diese Angaben sind in der bekannten Windrose (Abb. 1) enthalten.

Die Geschwindigkeit der Luftströmung

Die *Windgeschwindigkeit* ist demgegenüber eine Wertskala, die nicht nur zur Kennzeichnung von atmosphärischen Luftbewegungen, sondern auch zur Bestimmung von Luftströmungen benutzt wird, die durch die verschiedenen Beeinflussungen des atmosphärischen Windes entstanden sind. Da man häufig die *Windgeschwindigkeit* vorbehaltlos auch als Wind*stärke* bezeichnet, der Begriff der *Stärke* sich aber zwangsläufig mit *Kraft* assoziiert, sind im Laufe der Zeit eine Reihe von gefährlichen Trugschlüssen entstanden, die zu klären und auszuräumen letztlich ein wichtiger Zweck dieses Buches ist.
Die Windgeschwindigkeit ist meßbar. Man kann sie in Metern pro Sekunde (m/s), in Seemeilen pro Stunde (sm/h) oder Knoten (kn), in englischen Meilen pro Stunde (mph) oder in Kilometern pro Stunde (km/h) angeben. Ihre Beziehungen zueinander erläutert Abbildung 2. Wer Erfahrungsberichte von Seglern über die Leistung ihres Windmotors liest, prüfe (insbesondere bei Übersetzungen!) zuerst genau, ob nicht ein Übersetzungsfehler von *Land*meilen in *See*meilen pro Stunde oder umgekehrt vorliegt.
Man kann die Windgeschwindigkeit auch schätzen oder die gemessenen Werte in die Erfahrungs-Wertskala von Beaufort einordnen. Sie wurde

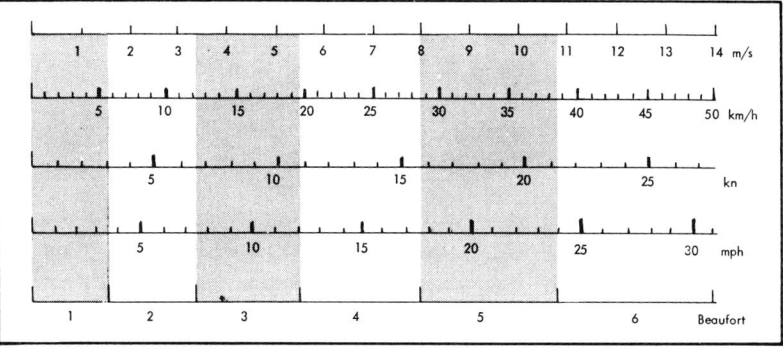

Abb. 2

bereits 1805 eingeführt und wird noch heute benutzt; aber die Beaufort-Stufen sind für die Kalkulation der Segelkraft zu groß.

Die Kraft des Windes wächst mit dem Quadrat seiner Geschwindigkeit

Die Windkraft ist von der Windgeschwindigkeit und den Beaufort-Windstärken abhängig. Allgemein geht man (fälschlicherweise!) davon aus, wie es auch die Abbildung 2 zeigt, daß die *Windgeschwindigkeit* und damit auch die *Windstärke* (nach Beaufort) linear wächst, d. h. einheitlich und gleichmäßig. Die Kraft des Windes vergrößert sich aber mit dem *Quadrat* der Windgeschwindigkeit, d. h. die scheinbar einheitliche Wachstumsrate von Windgeschwindigkeit und Windkraft ist doch erheblich unterschiedlich (Abb. 3).
In den unteren Windstärkenbereichen von Beaufort 1 bis einschließlich Beaufort 3, d. h. bis ca. 11 Knoten oder 5,5 m/s, fühlt man das Beschleunigen der Windgeschwindigkeit deutlicher, als die Windkraft zunimmt. Oder anders: Ein fröhlicher Segelwind an der unteren Grenze einer Vollzeugbrise hat noch (relativ) wenig Kraft.
In den Bereichen von Beaufort 4–5 oder bis ca. 22 Knoten bzw. 11 m/s wachsen Windgeschwindigkeit und Windkraft in (hier optisch) vergleichbaren Raten, aber ab Windstärke 6 nimmt die Windkraft so sprunghaft zu,

13

daß jede Unterschätzung der Windgeschwindigkeit in diesen Bereichen oder (bei auffrischendem Wind) auch nur eine kurzzeitige Verzögerung der notwendigen Segelmanöver für den Windmotor, das Boot und seine Besatzung schon gefährlich oder sogar tödlich sein kann.

Die unterschiedliche Wertigkeit der Windkraft

Diese unterschiedliche Wertigkeit der Windkraft stärker (oder überhaupt erst einmal!) in das Bewußtsein eines Seglers zu bringen, der die kostenlose Windenergie an seinem (so scheinbar simplen) Windmotor erzeugt, ist ein anderer wichtiger Zweck dieser Abhandlung. Denn es gehört zweifellos nicht zum selbstverständlichen Bewußtsein vieler Besatzungen, daß sich die Windkraft *verdoppelt*, wenn der Wind seine Geschwindigkeit von 5,5 m/s auf 8,0 m/s oder um nur eine *Windstärke* oder 50% erhöht hat, und sich die Windkraft *neuerlich verdoppelt*, wenn der Wind bei Beaufort 5 seine Geschwindigkeit von 8,0 m/s auf 11,0 m/s oder nur *um 25% vergrößert* hat.

In der Abb. 3 ist diese Windkraft als „Staudruck q " oder „Winddruck in deka Newton (daN) pro Quadratmeter beim senkrechten Auftreffen des Windes auf eine ebene Platte" angegeben. Dieser mit einem Windkraft-Beiwert von 1,0 ermittelte Wert bezieht sich aber nur auf ein Hindernis, das dem Wind im Wege steht und gegen das er vierkant drücken kann – zum Beispiel eine Hauswand, die Bäume, die er entwurzelt, oder auch ein vor dem Winde ausgebaumtes Segel, das er in seine Richtung mitnimmt (detaillierte Angaben im Anhang Seite 191).

Unser Segel ist aber eine (wenn auch ganz simple) Kraftmaschine für Windenergie. Es kann durch seine Wölbung und den Anstellwinkel zur Windrichtung mehr Kraft erzeugen als eine vierkant angeblasene ebene Fläche. Wenn wir mit einem maximalen Windkraft-Beiwert von 1,5 kalkulieren (siehe Kapitel 2), dann gewinnen wir in den unteren Windgeschwindigkeitsbereichen noch mehr (günstige) Kraft. Demgegenüber wächst die zerstörende Kraft des Windes aber auch ab Windstärke 5 viel schneller, als es schon hier ersichtlich ist.

Diese Wertigkeit der Windkraft so deutlich wie möglich in das Bewußt-

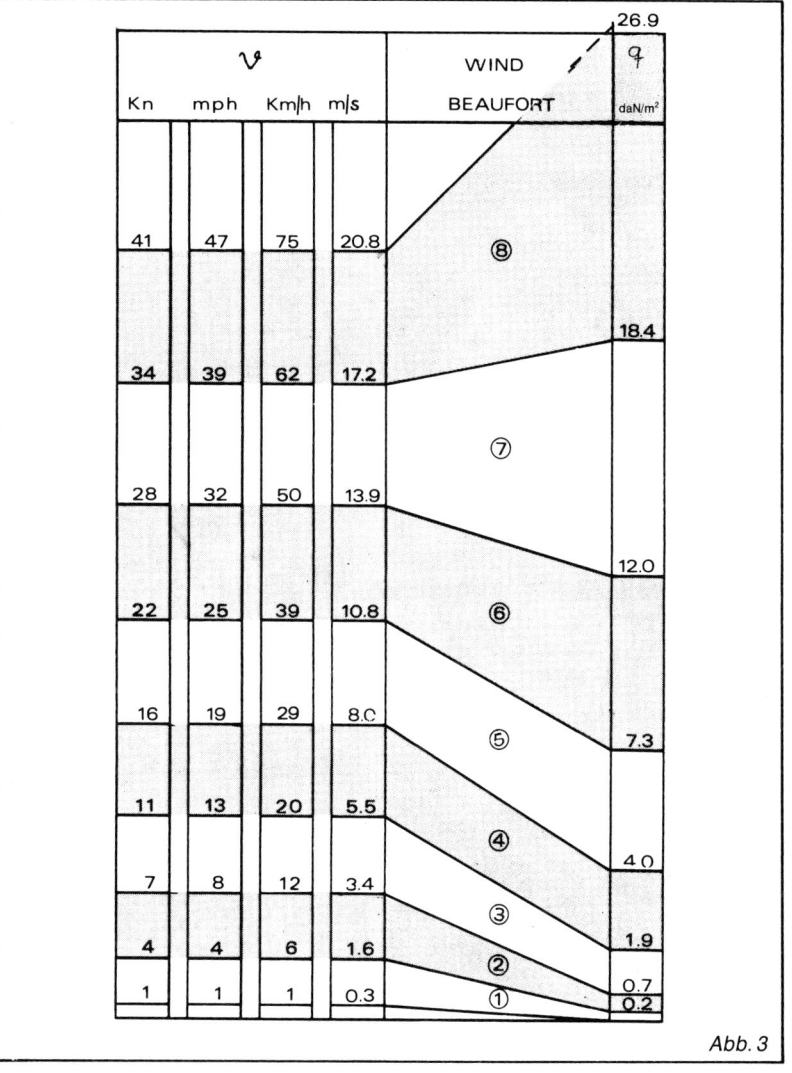

Abb. 3

15

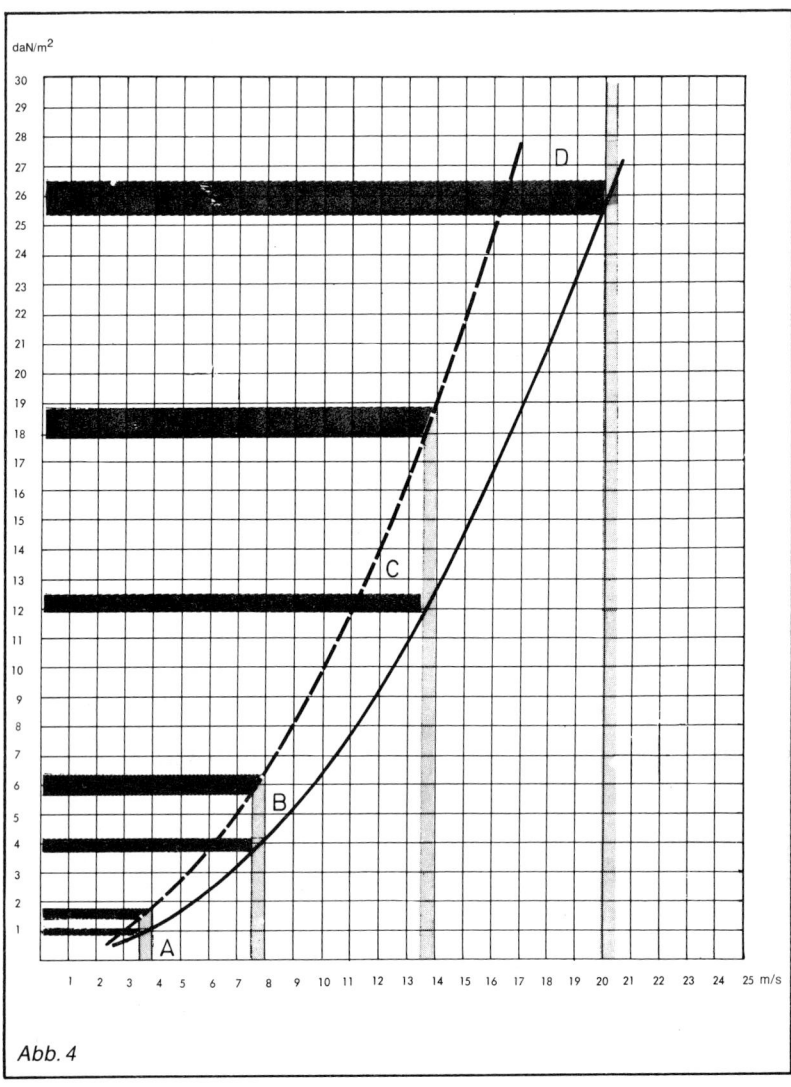

Abb. 4

sein eines Seglers zu pflanzen, gehört eigentlich zu den wichtigsten elementaren Kenntnissen, die eine Segelschule vermitteln sollte. Eine Windgeschwindigkeit von 0,5 m/s ist eigentlich so winzig, daß sie kaum erwähnenswert erscheint: Man kann im Lehnstuhl „einundzwanzig" zählen und dabei bequem mit den Augen dem Wind von der linken Lehne zur rechten Lehne folgen – 50 Zentimeter lang. Die Vergrößerung der Windgeschwindigkeit um diesen kleinen Wert kann aber ungeahnte Folgen haben (Abb. 4):

Frischt der Wind nur um den winzigen Wert von 0,5 m/s auf, dann erhöht sich seine Kraft an einem Segel so unterschiedlich:

bei Windstärke 2 um ca. 0,25 daN/m^2,
bei Windstärke 4 um ca. 0,75 daN/m^2,
bei Windstärke 6 um ca. 1,30 daN/m^2,
bei Windstärke 8 um ca. 1,90 daN/m^2,
bei Windstärke 10 um ca. 2,50 daN/m^2,
bei Windstärke 11 um ca. 3,50 daN/m^2 und
bei Windstärke 12 um ca. 5,00 daN/m^2.

Die *gleiche* geringe Erhöhung der Wind*geschwindigkeit* bewirkt also eine desto *deutlichere* Vergrößerung der Wind*kraft*, je *schneller* der Wind bereits beschleunigt ist.

Oder anders: Wenn der Wind im Bereich von Beaufort 4 nur um 0,5 m/s auffrischt (d. h. seine Geschwindigkeit von 7,5 m/s auf 8,0 m/s vergrößert), dann ist seine dadurch erzeugte Mehrkraft genauso groß wie die gesamte Kraft des Windes, die er nach einer Flaute mit Beaufort 2 (mit einer Windgeschwindigkeit von 3 m/s) erreicht.

Oder weiter: Wenn der Wind bei Windstärke 9 bis 10 um den gleichen geringen Wert von 0,5 m/s beschleunigt wird (d. h. von 24,0 m/s auf 24,5 m/s durch einen winzigen örtlichen Einfluß auffrischt), dann erhöht sich seine Kraft hierbei um den gleichen Wert, wie wenn er von Flaute bis Beaufort 3 oder von Windstille bis auf 5 m/s anwachsen würde.

Und noch einmal: Die Windkraft, mit der wir bei Vollzeug-Brise oder Beaufort 4 ja gar nicht so langsam segeln, ist genauso groß wie die Windzunahme um den gleichen winzigen Wert von 0,5 m/s in einem Orkan von Beaufort 12.

Warum diese Zahlenspielereien und diese ausführliche Erklärung? Um diese in unseren Segler-Fachbüchern noch nie genannten und darum (fast) allen Seglern weitgehend unbekannten Fakten besonders deutlich werden zu lassen. Denn in ihrer Unkenntnis oder Unterschätzung liegt meines Erachtens der Hauptgrund für viele Havarien und manchen vermeidbaren tragischen Unglücksfall.

Abbildung 4 soll diese unterschiedliche Wertigkeit der Windkraft bei wachsender Windgeschwindigkeit auch optisch deutlich machen. Hierbei stellt die fette Kurve die Verhältnisse an einer ebenen Platte oder bei einem senkrecht als Windfang angeströmten Segel dar (mit einem Kraft-Beiwert von 1,0). Das sind also die ungünstigsten aerodynamischen Bedingungen, mit denen wir rechnen müssen, wenn wir mit gesetzten Segeln unterwegs sind (und die Segel nicht aus Sicherheitsgründen killen können). Die gestrichelte Kurve gibt die optimale Leistung unseres Segels bei einem Beiwert von 1,5 an, d.h. wenn das Segel tatsächlich als das arbeitet, was es ist – als eine einfache Windkraftmaschine. Die Werte der Praxis werden je nach Segelwölbung und Anströmrichtung irgendwo zwischen beiden Kurven liegen.

Die in Abbildung 4 eingetragenen Beispiele A–D zeigen deutlich, wie groß die Unterschiede bei gleicher Windgeschwindigkeit in der Kraftentwicklung sein können, die ein aufgefiertes Segel bei senkrechtem Anströmen als Hindernis und eine gewölbte Segelfläche bei spitzem Anstellwinkel als Windmotor erzeugt und wie diese Unterschiede wachsen: Bei Windstärke 3 (A) und einer Vergrößerung der Windgeschwindigkeit von 3,5 m/s auf 4 m/s ist der Unterschied der Kräfte und ihr Zuwachs gering – verglichen mit Windstärke 4 (B) und einem Anwachsen der Windgeschwindigkeit von 7,5 m/s auf 8 m/s. Dieses sind die Bereiche eines „nützlichen" Windes mit einem geringfügigen und begrüßenswerten Anwachsen der Windkraft (z. B. in einer Bö oder durch bessere Segeltechnik).

Bei Windstärke 6 (C) und einem Auffrischen des Windes von 13,5 auf 14,0 m/s erhält die Mehrkraft schon zerstörende Wirkung, und bei Windstärke 8 (D) ist der Unterschied in der Entwicklung der Mehrkraft zwischen einem einfachen Hindernis und unserem aerodynamischen Segelprofil schon so groß, daß er den Raum unserer graphischen Darstellung

18

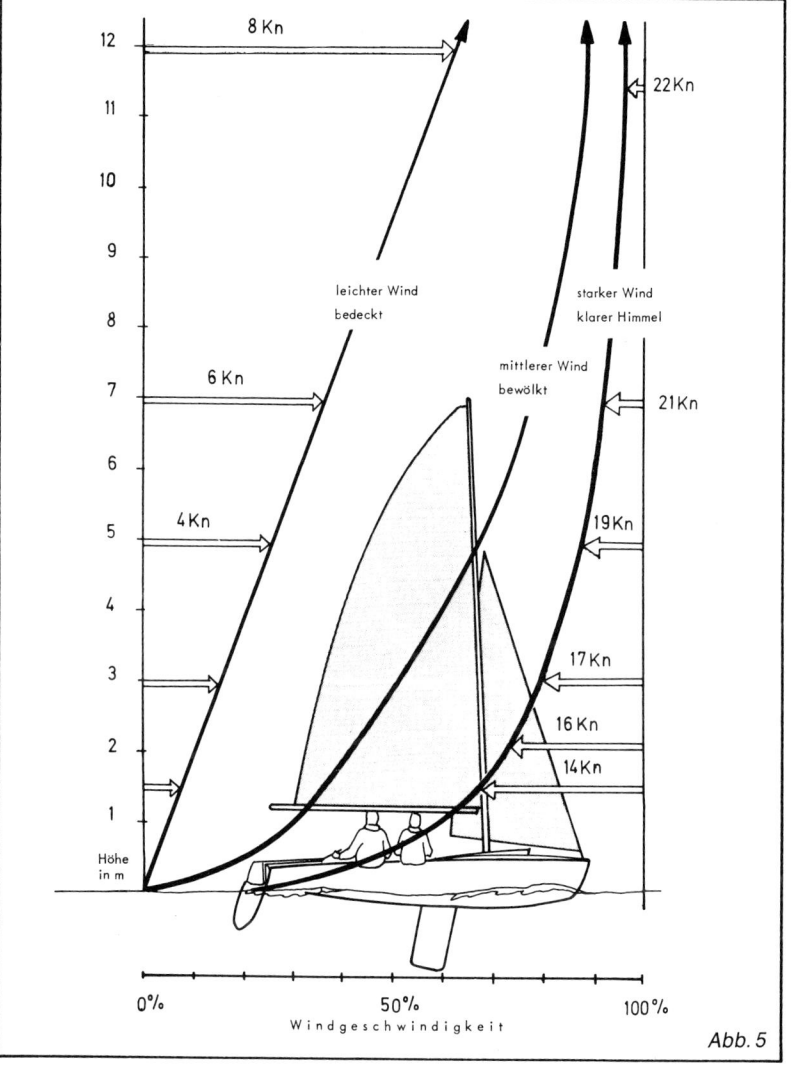

Abb. 5

19

überschreiten würde. In diesen zerstörenden Bereichen ab Windstärke 6 (C–D) kommt es also nur darauf an, Windenergie zu verschenken und unter den dann herrschenden Wind- und Wetterbedingungen zu überleben. Darauf werden wir noch eingehen.

Die Windgeschwindigkeit wächst mit der Höhe

Der Windgradient ist ein anderer, nicht immer sympathischer Faktor, mit dem der Benutzer eines Windmotors ebenfalls rechnen muß. Wir verstehen hierunter den Höhenunterschied des atmosphärischen Windes, richtiger gesagt die Abnahme der Windgeschwindigkeit von oben nach unten (Abb. 5) gemäß der unterschiedlichen Struktur der Grenzschicht über Land und Meer.

Bekanntlich beziehen sich alle Wettermeldungen der Beobachtungssta-

Abb. 6

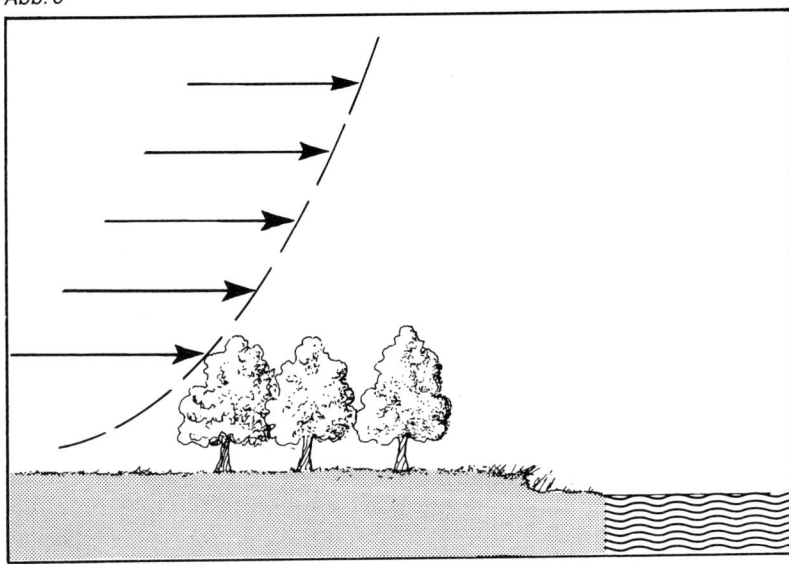

tionen und alle Angaben in den Wettervorhersagen auf eine freie Höhe (von 10 bzw. 30 m) über dem Erdboden. Darunter liegt die Grenzschicht, in der die Rauhigkeit der Erdoberfläche die Richtung und Stärke der atmosphärischen Windströmung beeinflußt (Abb. 6). Wie stark und wie schnell die Windgeschwindigkeit von den oberen, freien Luftschichten zu allernächster Nähe über dem Wasserspiegel abnimmt, ist von der Rauheit der Oberfläche und der Windgeschwindigkeit abhängig. Je rauher die Oberfläche und je größer die Windgeschwindigkeit, desto unregelmäßiger oder turbulenter die Luftströmung. Hierbei spielt nicht nur die Struktur der Küste und der Abstand des Bootes von dieser eine Rolle – die freie See selbst hat ja bekanntlich eine unterschiedlich rauhe Oberfläche, je stärker die Luftströmung ihre Windsee aufgebaut hat, und es ist einleuchtend, daß dieser Windgradient ein wichtiger Kalkulationsfaktor bei der Ermittlung von Richtung und Stärke der Segelkräfte ist. Er wird uns noch mehrfach beschäftigen.

Die Windgeschwindigkeit ist nicht konstant

Als *Böen* bezeichnet man die kürzeren und längeren Windstöße in diesem turbulenten Wind der Grenzschicht über der Erdoberfläche. Ein kurzzeitiges Auffrischen des Windes von kürzerer Dauer in horizontaler Richtung nennt man einfach Bö, während von oben kommende Windstöße besser als *Fallböen* bezeichnet werden. Die schweren oder „schwarzen" Böen, die mit Gewittern oder Niederschlägen verbunden sind, nahen sichtbar in Böenkragen oder Fronten heran. Die „weißen" Böen" hängen nur mit weniger ausgeprägten Temperaturschichtungen der Luft zusammen. Sie sind ungefährlich, kommen oft aus heiterem Himmel und sind nur an einer stärkeren Kräuselung des (bei geringen Windgeschwindigkeiten meist) glatten Wassers zu erkennen.
Schwarze Böen sind gefährliche Böen; sie zwingen uns oft, die Segel zu bergen, bevor ihre zerstörende Kraft unser Boot erreicht. Weiße Böen sind nützliche Windbeschleunigungen, die uns meistens ganz bestimmte Wolkenschichtungen (Abb. 7) bescheren. Wenn sie mit der normalen Windgeschwindigkeit des Tages über den Himmel ziehen, schirmen sie

21

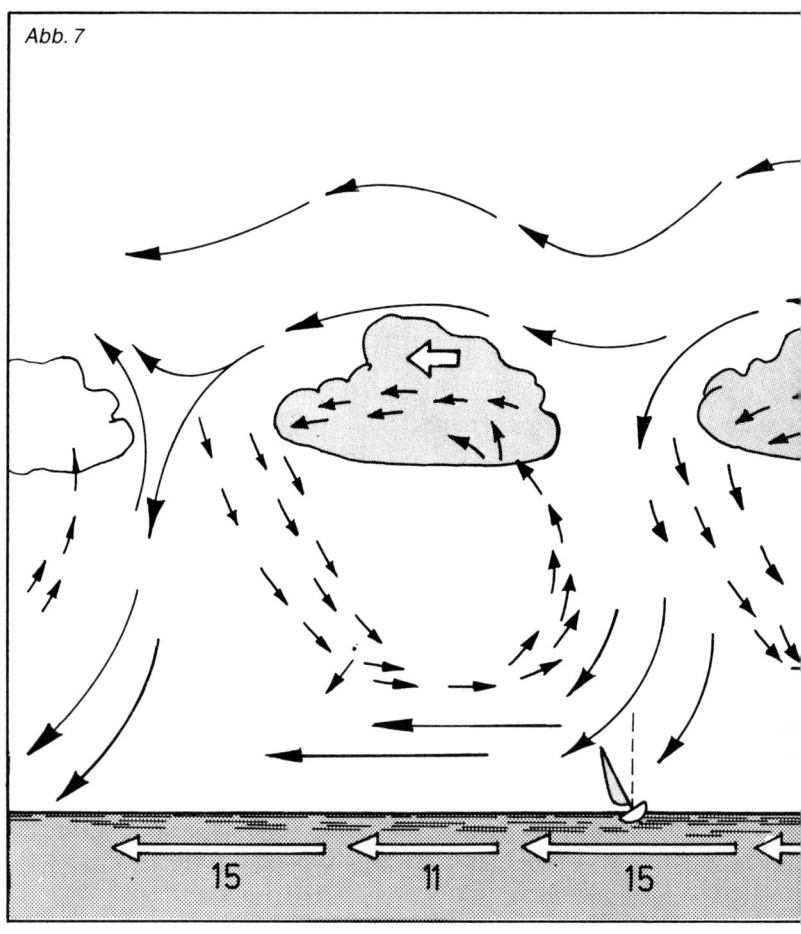

Abb. 7

den in größerer Höhe herrschenden stärkeren Wind zu den unteren, erdnahen Luftschichten ab. Unterstützt durch die eigene, sehr geringe, aber durch Temperaturunterschiede unvermeidbare Luftbewegung in diesen Wolkenfeldern wird jetzt die schnellere Kaltluftströmung der Hö-

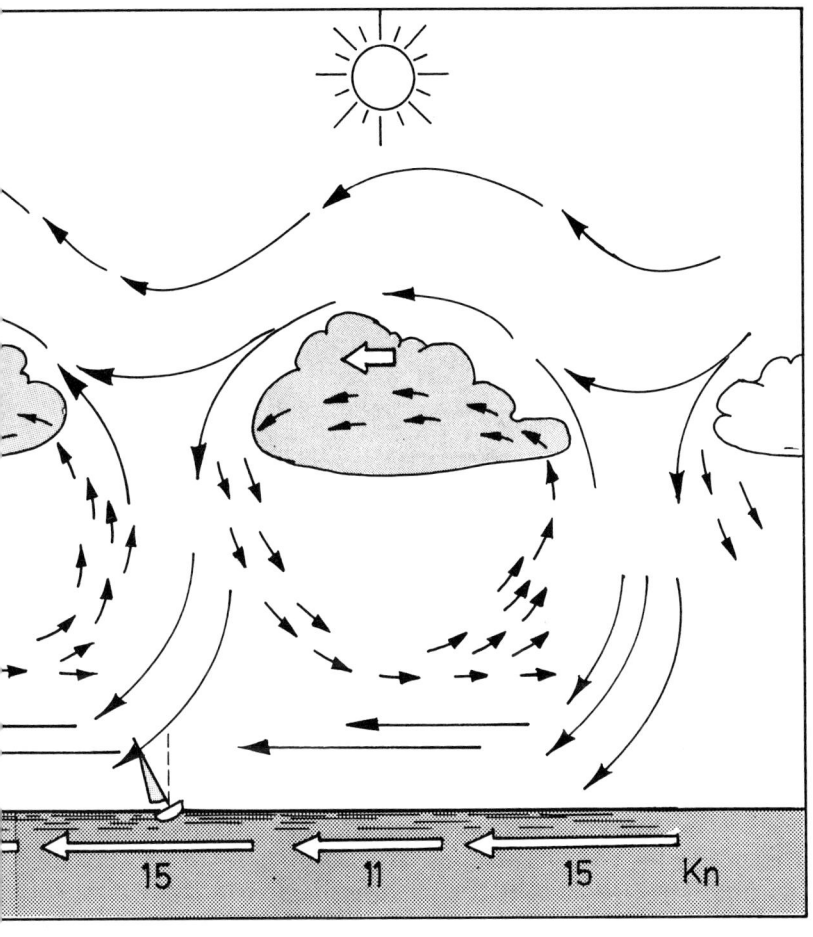

henschichten in den Wolkenlöchern bis zur Wasseroberfläche geführt, wo sich ihre turbulente Ankunft durch eine Kräuselung des Wassers bemerkbar macht. Das ist dann auch das Kenn- oder Warnzeichen für die Crew, die Bö richtig abzuwettern (wie wir es später beschreiben werden).

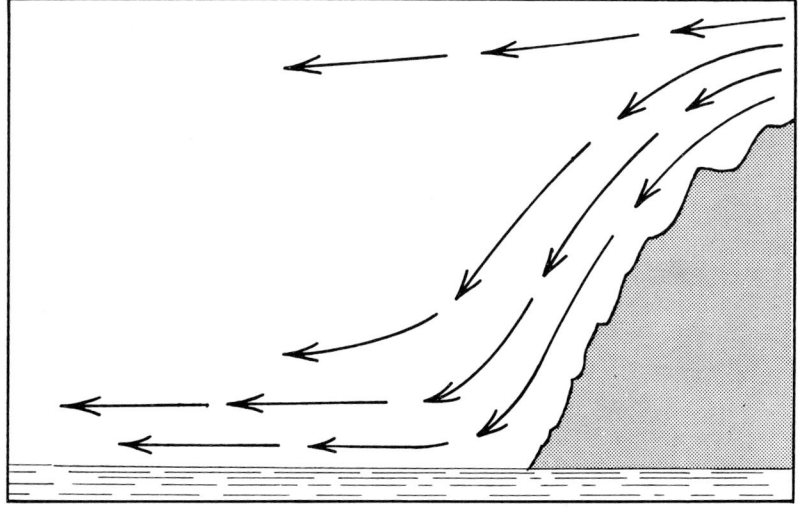

Abb. 8

Ähnlich gefährlich sind die Fallböen (Abb. 8) an Berghängen, wenn der kräftige Höhenwind bis in die unteren Grenzschichten durchbricht. Unser besonderes Augenmerk gilt hier nur dieser Windkraft überhaupt, die nicht waagerecht und parallel zur Wasseroberfläche, sondern in einem Winkel zu ihr wirkt.

Der Wind weht nicht parallel zur Wasseroberfläche

Dieser *Vertikalwinkel* des atmosphärischen Windes ist eine weitere, hier erwähnenswerte Besonderheit, die in meteorologischen Fachbüchern meistens nicht erwähnt wird: Der atmosphärische Wind weht nicht parallel zur Wasseroberfläche, sondern wird (durch die zunehmende Verlangsamung in der wassernächsten Grenzschicht) in einem Winkel von ca. 3° nach unten abgelenkt. Beim Einfallen einer Bö dringt der Wind kurzzeitig noch steiler (5°–8°) in diese Grenzschicht unmittelbar über der Wasseroberfläche ein.

24

Der Rennsegler kennt diese Erscheinung; denn besonders auf raumen oder Vorwindkursen gibt er daher dem Mast einen Fall nach vorn (Abb. 9), indem er die Spannung des Achterstages löst, die Mastposition im Deck verändert oder die Wanten entsprechend trimmt. Diesen Trick benutzten übrigens schon die alten Rahsegler, bei denen sich der Mastfall nach vorn durch die wochenlangen raumen Kurse besonders auszahlte. Auch die Einflüsse des Ufers können einen größeren vertikalen Windwinkel bewirken (vgl. Abb. 14).

Abb. 9

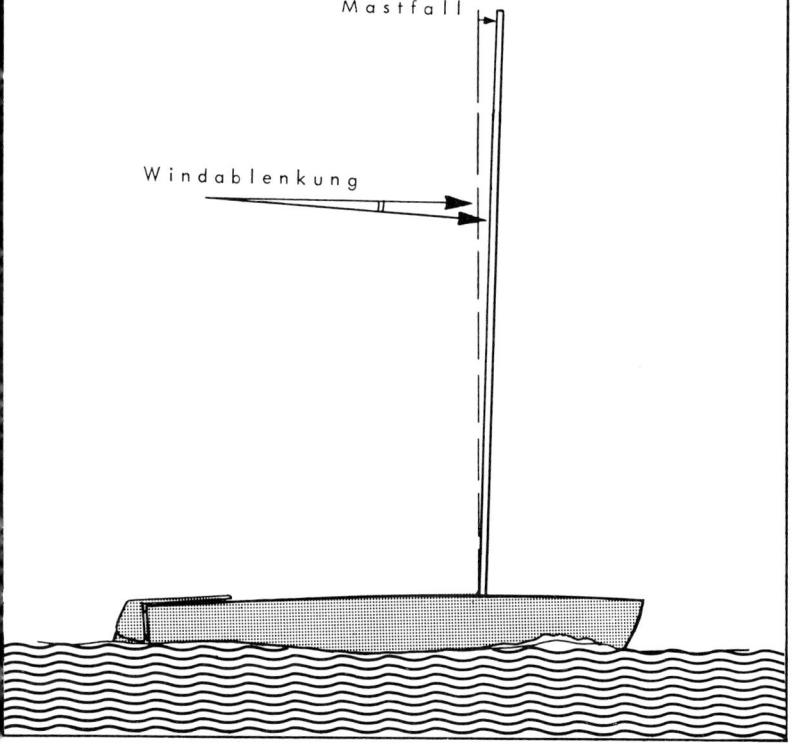

Mastfall

Windablenkung

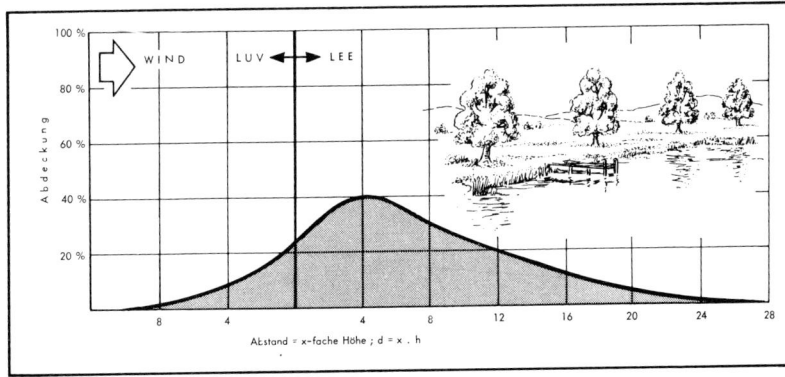

Abb. 10

Das Land hemmt den Windfluß

Seine Einflüsse können die nutzbare Luftbewegung für unseren Windmotor ebenfalls vermindern. Der Segler muß sie kennen und nach Möglichkeit vermeiden.
Den größten Einfluß auf die Windgeschwindigkeit hat die bekannte Abdeckung: Wenn der Wind ein künstliches Hindernis am Ufer (zum Bei-

Abb. 11

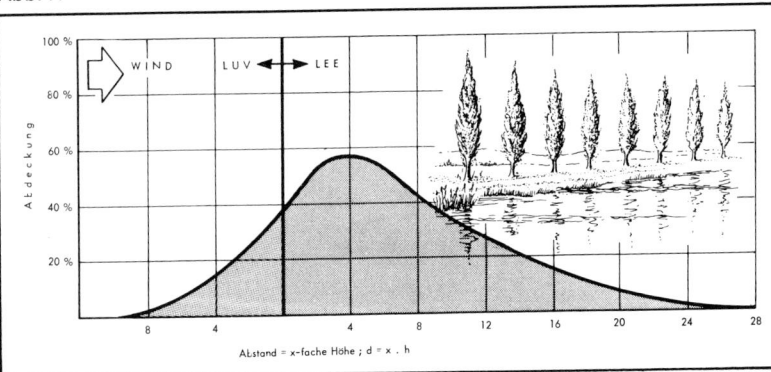

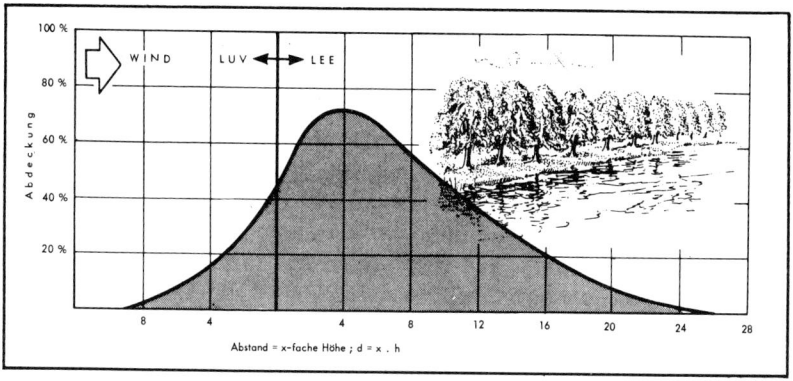

Abb. 12

spiel Häuser) oder ein natürliches (Bäume, Hügel) überspringen muß, nimmt er je nach Höhe und Dichte dieser Hindernisse einen langen Anlauf. Bei diesem eleganten Schwung entsteht ein unterschiedlich langer Windschatten sowohl in Luv als auch in Lee der Hindernisse, in dem die Windgeschwindigkeit nachläßt und eine Turbulenz entsteht. Abbildung 10 zeigt einen sehr lockeren Schutzstreifen, der die Windgeschwindigkeit zwar nur um ca. 40% vermindert, aber mit seinem Abdek-

Abb. 13

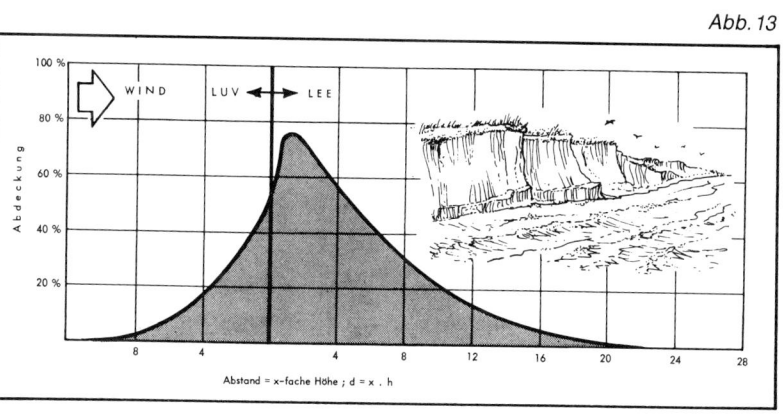

27

kungsbereich bereits in einer Entfernung von achtfacher Höhe dieses Hindernisses in Luv und sogar in 24facher Höhe in Lee spürbar ist. Die Abbildungen 11 und 12 zeigen dichtere Ufer mit einer Abschwächung der Windenergie bis ca. 70% bei ungefähr gleichen Auswirkungen in der Distanz. Abbildung 13 mit Hochwald oder Hochufer deckt zwar am besten ab, wirkt sich aber am wenigsten weit als Windschatten nach Lee aus. Sehr nahe am Ufer ist darüber hinaus eine Turbulenz zu spüren, die nicht nur die Stärke, sondern auch die vertikale Richtung des Windes ändert (Abb. 14). Hier erhält man nicht nur „unsaubere" Luft von unberechenbarer Geschwindigkeit, sie kann auch weitgehend senkrecht und sogar von der entgegengesetzten Seite einfallen und damit nicht nur nutzlos, sondern sogar gefährlich werden.

Richtungsänderung des Windes über flachen Ufern

Auf See und fernab vom Ufer können wir die Windenergie ungehindert ausnutzen. In Küstennähe wirkt sich aber nicht nur ein hohes Ufer durch seine Abdeckung hinderlich aus, auch ein flaches Ufer beeinflußt die Luftströmung. Eine solche flache Wasserscheide wirkt sich zwar nicht

Abb. 14

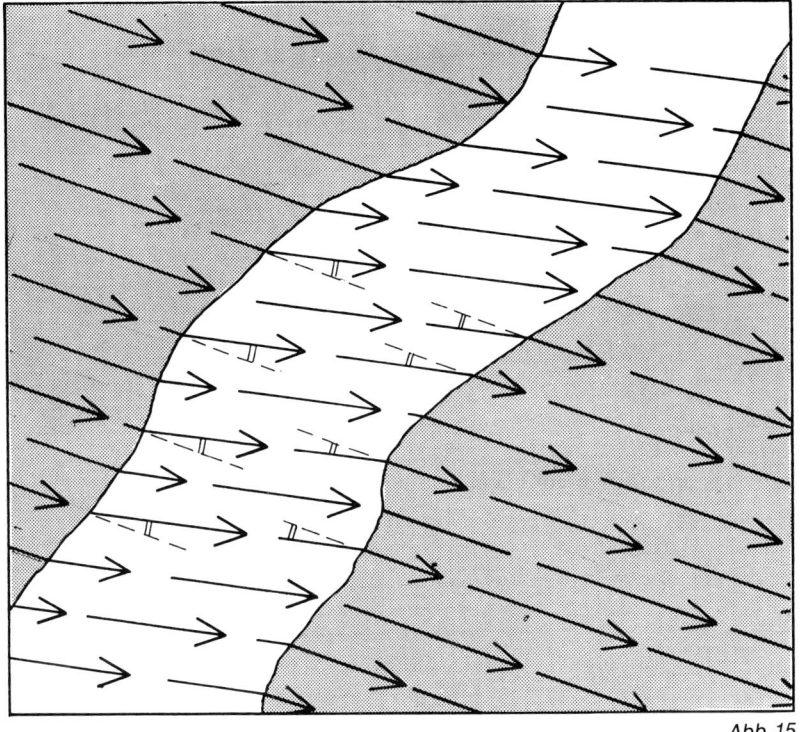

Abb. 15

auf die Windstärke, wohl aber auf die Windrichtung aus. Der Grund dafür, daß wir unter den gleichen atmosphärischen Bedingungen im gleichen begrenzten Revier auf dem Wasser stärkeren Wind verspüren als an Land, ist die geringere Reibung zwischen der Wasseroberfläche und der Luftströmung gegenüber dem rauheren Land, über das der gleiche Wind weht. Die Luftströmung hat die Tendenz, sich auch über baumlosen Wiesen, Feldern und Stränden zu verlangsamen. Sie holt dafür ihren Geschwindigkeitsverlust über dem Wasser wieder auf. Die Folge ist, daß der Wind beim Überschreiten dieser Wasserscheide in seiner Richtung abgelenkt wird.

29

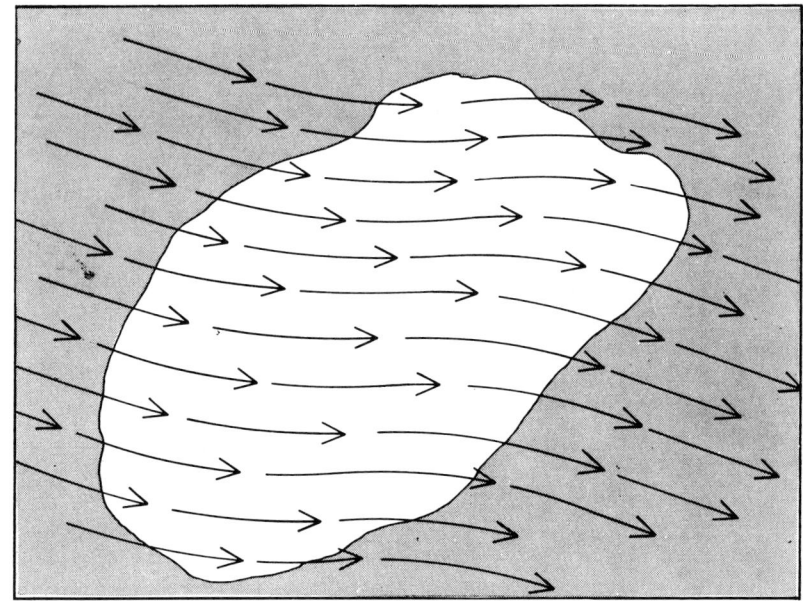

Abb. 16

Fließt der Wind vom Land zum Wasser, dann erfolgt diese Ablenkung in Richtung auf die Küstenlinie, strömt er vom Wasser auf das Land zurück, dann hat er das Bestreben, die Küste in einem weitgehend rechten Winkel zu kreuzen. An der Leeküste herrscht also eine der Luvküste genau entgegengesetzte Tendenz.

Abbildung 15 zeigt diese Windablenkung auf einem schmalen Flußrevier: Auf der Luvseite Ablenkung, mehr Windgeschwindigkeit auf dem Flusse selbst und Rückkehr in die alte Richtung an der Leeseite.

Abbildung 16 zeigt die Verhältnisse auf einem breiteren Binnensee; sinngemäß gelten sie auch für die Ufer jeden freien Wassers: An der Luvküste Ablenkung des Windes in Richtung des Küstenverlaufes. Über dem freien Wasser nimmt der Wind seine ursprüngliche Richtung wieder auf. Aber die Leeküste kreuzt er in einem größeren, weitgehend rechten Winkel.

Diese Ablenkung der Windrichtung kann man z. B. auf einem Kreuzkurs gut ausnutzen (Abb. 17), wenn man sich bei leichtem Wetter dicht an die Leeküste hält und mit seinem Kurs der Küstenformation weitgehend folgt. Hier raumt der Wind praktisch, und man kann höher anliegen und vorteilhafter aufkreuzen. In hartem Wetter ist die Leeküste gefährlich; bei viel Wind machen sich diese Unterschiede einer Windablenkung auch weniger bemerkbar.

Die Richtung des Windes ändert sich auch durch einen Düseneffekt, durch den uns die Windenergie konzentrierter als über einem freien Ufer geliefert wird (Abb. 18). Wenn sich z. b. eine Flußmündung zu einem See erweitert oder eine breite Straße am Ufer endet, wird der Wind vorher in bestimmte Bahnen gezwungen, aus denen er sich erst an der Wasserscheide wieder befreit. An solchen Punkten können wir mit größerer

Abb. 17

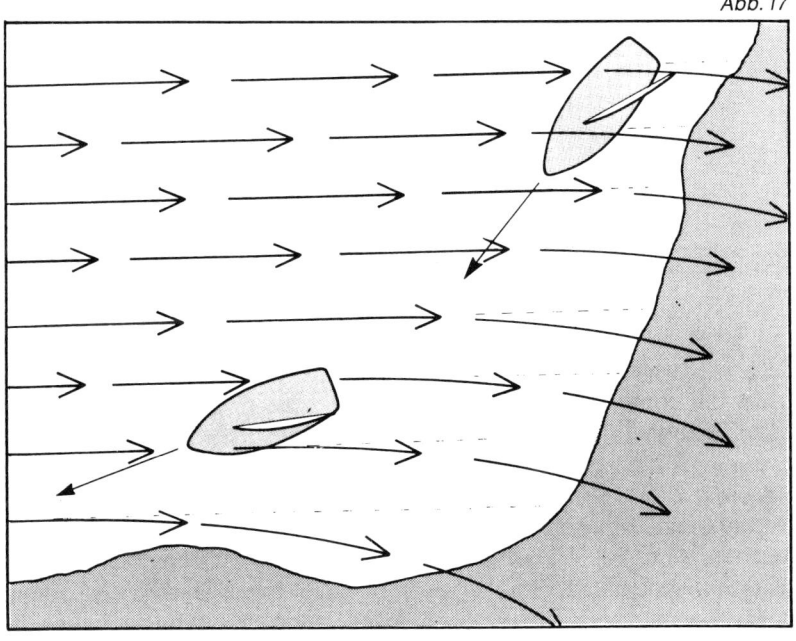

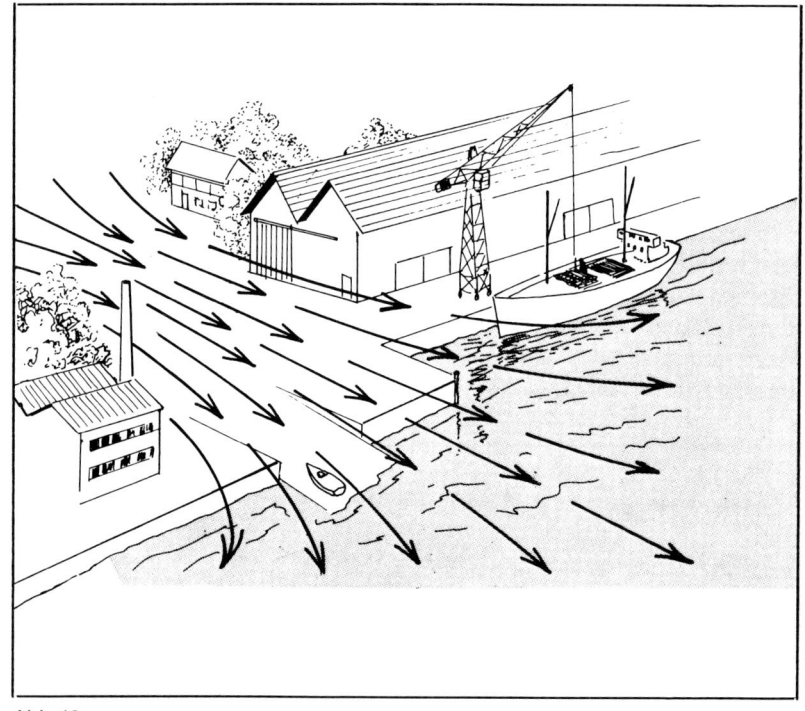

Abb. 18

Windgeschwindigkeit und mit einer günstigen oder ungünstigen Richtungsänderung rechnen.

Auch einzelne Baum- und Häusergruppen über sonst unbewaldeten Ufern lenken den Wind ab (Abb. 19): Sie wirken aber nur als Windfang, und der Wind ändert an den Rändern wohl seine Richtung, nicht aber seine Geschwindigkeit.

Richtung und Stärke kann demgegenüber der Wind an jeder Landspitze ändern (Abb. 20). Dieser Eckeneffekt entsteht, weil der Wind immer versucht, der Küstenformation zu folgen, und wenn ihn eine Landzunge aus seiner ursprünglichen Richtung abgelenkt hat, wird er hinter ihr wieder in seine Hauptrichtung zurückschwenken wollen.

Zu einer unerwarteten Turbulenz, die mit einer kaum erklärlichen Gegenrichtung des Windes verbunden ist, kommt es oft an der Luvseite von Talsperren, künstlichen Wasserreservoiren und hochgelegenen Gebirgsseen (Abb. 21). Je länger und je steiler die (meist künstlich geschaffene) Windbahn vor dieser Luvkante ist, desto höher und weiter wird der Wind über den Luvrand dieses Segelreviers geführt, und in einem Bereich von bis zu 200 m liefert uns der Wind seine Energie in unerwarteter Richtung; besonders bei Regatten zahlt sich hier die Revierkenntnis aus, weil einheimische Segler den Wind einfach besser finden können als auswärtige Besatzungen.

Abb. 19

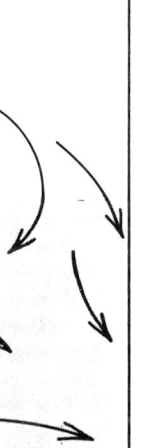

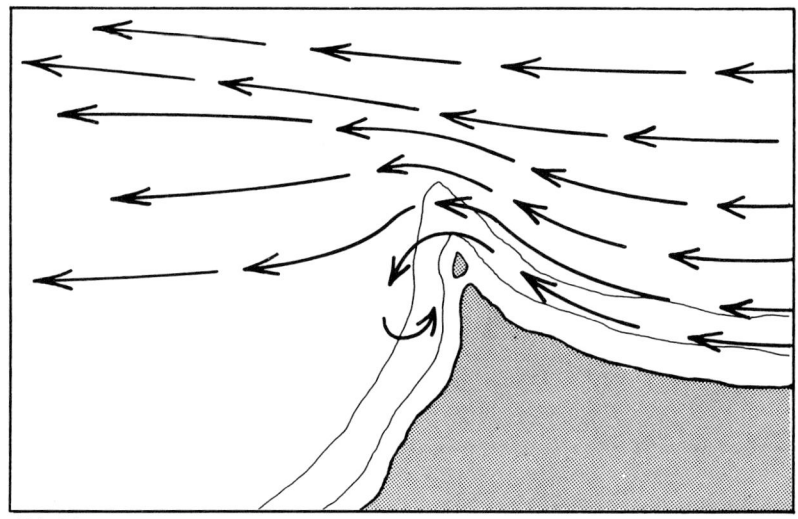

Abb. 20
Abb. 21

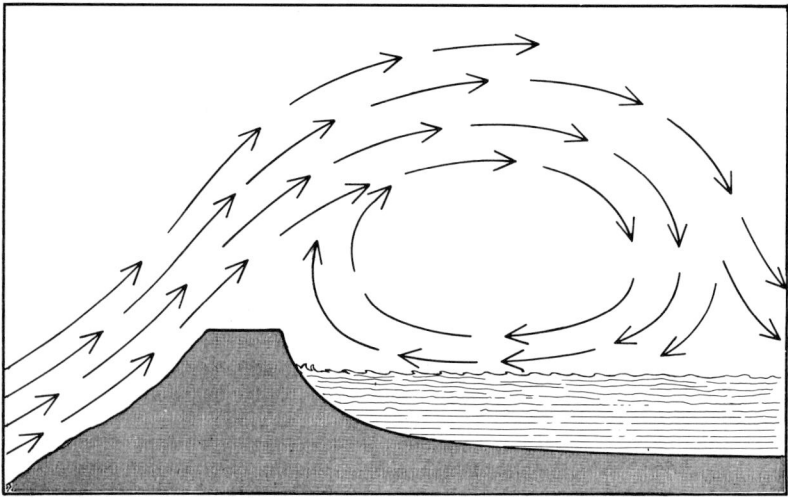

Wenn andere Boote den Wind wegnehmen

Leider segeln wir meistens nicht allein auf dem Revier. Wir müssen uns die Windenergie mit anderen Segelbooten teilen und müssen auch in Kauf nehmen, daß Motorfahrzeuge die gleichmäßige Luftströmung stören. Hier kann man durch eine rechtzeitige und richtige Kursänderung dafür sorgen, daß die Zeit der gestörten Windverhältnisse möglichst kurz und der Energieverlust für unser Segel so klein wie möglich bleibt.

Überholt uns z. B. eine Motoryacht in Luv (Abb. 22), fällt man vorher ab (A), um weiter aus dem Abdeckungsbereich herauszulaufen (B). Liegen wir dann im letzten Teil vom Abdeckungsbereich des fremden Fahrzeugs (C), luven wir an, vermindern damit unsere Fahrt und verkürzen die Dauer der Abdeckung, ehe wir unseren alten Kurs wieder ungehindert fortsetzen (D). Da der Abdeckungsbereich vom relativen Wind der Motoryacht bestimmt wird, beginnt er – je nach deren Fahrtgeschwindigkeit – erst in der Nähe ihres Hecks und endet ungefähr eine Bootslänge hinter ihr.

In der Nähe von Schiffahrtsstraßen hält man sich am besten außerhalb der Luvseite des Fahrwassers in sicherem Abstand von den großen Fahrzeugen der Berufsschiffahrt. Analog zu den Abbildungen 10–13 beginnt sich das leeseitige Hindernis bereits in einem Abstand ungünstig bemerkbar zu machen, der einem Mehrfachen seiner Höhe entspricht, und es kommt bei zu dichter Annäherung nicht nur zu einer beträchtlichen Verminderung der Windgeschwindigkeit in diesem Windschatten (Abb. 23a), sondern auch zu einer gefährlichen entgegengesetzten Richtung des Windes (Abb. 23b), so daß wir kurzzeitig ganz ohne Windkraft manövrieren müssen.

In beiden Fällen (von Motoryacht und Fährschiff) machen sich die ungünstigen Erscheinungen mit einer – je nach Geschwindigkeit der Fahrzeuge – beträchtlichen Zeitverschiebung bemerkbar. Wir merken die ungünstigen Effekte relativ spät, und sie halten viel länger an, als man es nach optischer Sicht erwarten könnte. Die Erscheinungen beziehen sich ja bekanntlich nicht auf den atmosphärischen Wind, sondern auf den relativen Wind dieser Fahrzeuge – aber damit würden wir unversehens in die

Untersuchung hineingeraten, die wir erst in Kapitel 3 ausführlicher beginnen wollen.

In eine spätere Untersuchung kommen wir auch hinein, wenn wir den Einfluß anderer Segelboote auf Richtung und Geschwindigkeit des atmo-

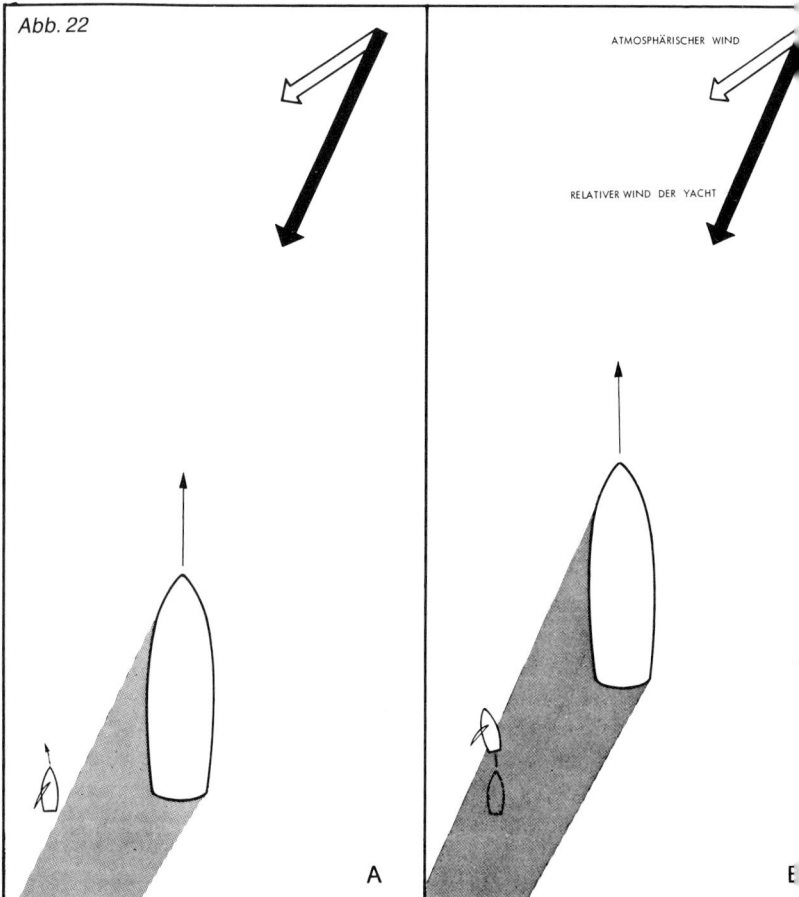

Abb. 22

ATMOSPHÄRISCHER WIND

RELATIVER WIND DER YACHT

A

E

sphärischen Windes für unser eigenes Boot betrachten; der Vollständigkeit halber muß sie aber schon hier erwähnt werden (Abb. 24): Das Segel selbst lenkt ja den Wind aus seiner Richtung ab, wenn es arbeitet. Wer im Feld anderen Booten folgen muß (wie hier die Boote B–E) und nicht den

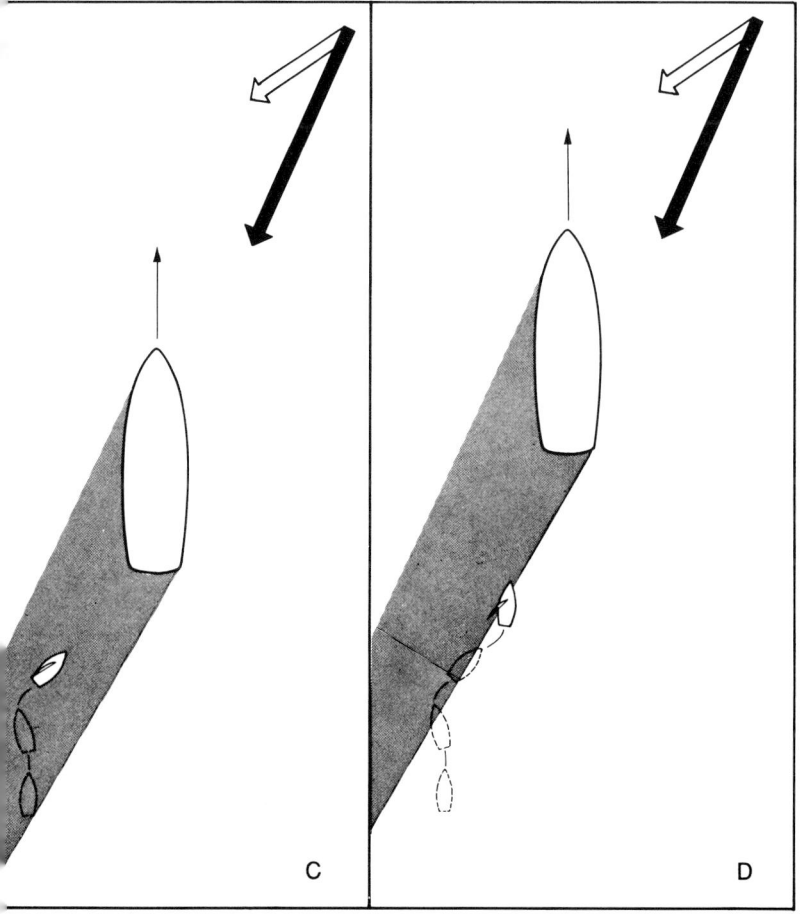

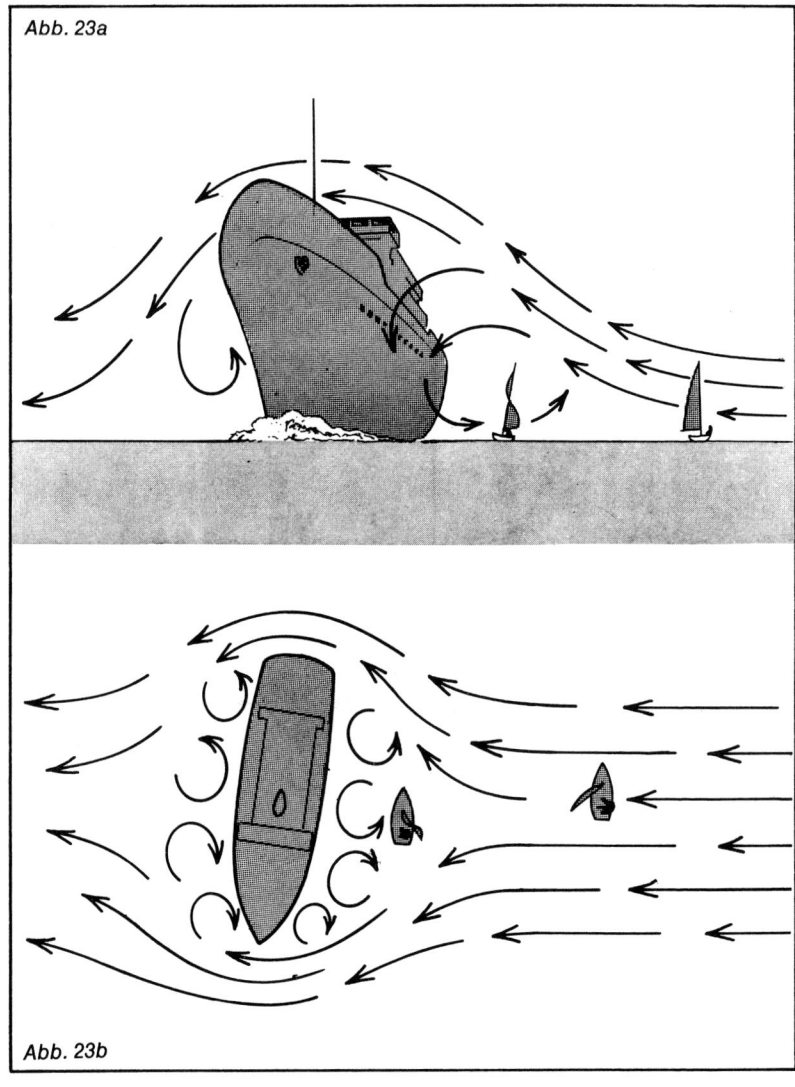

Abb. 23a

Abb. 23b

Vorzug des Spitzenreiters (A) hat, auf dem Kreuzkurs den Wind in Richtung und Stärke ungehindert zu verarbeiten, muß sich freikreuzen, um durch die ungünstige Richtungsänderung des Windes durch den Spitzenreiter A nicht noch stärker benachteiligt zu werden.

Abb. 24

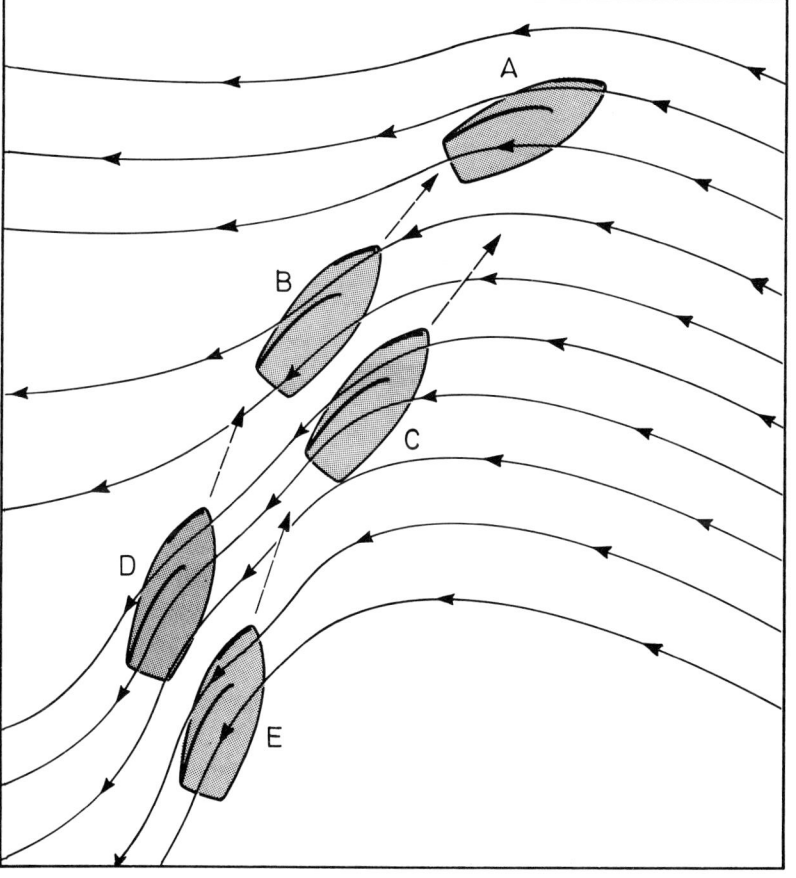

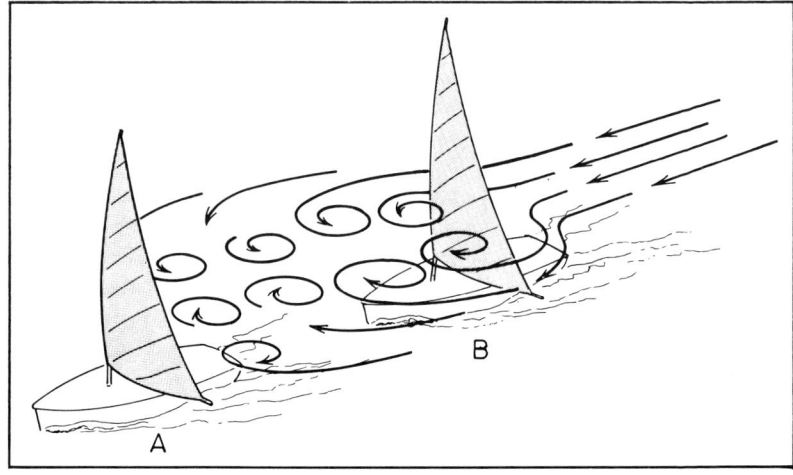

Abb. 25

Auf einem (heute meist seltenen) Vorwindkurs ist es demgegenüber das von achtern auflaufende Boot B, das mit freiem Wind arbeiten kann und seinen Vordermännern (A) die Windenergie oft sehr wirksam nimmt (Abb. 25).
Der Vollständigkeit halber müssen die drei Positionen in der Ablenkung (Abb. 26, A) im Abwind (B) und in der Abdeckung (C) genannt werden, die man in jedem Falle vermeiden muß, wenn das Segel mit dem ungehinderten Wind, den die Natur an diesem Tage und auf diesem Revier liefert, optimal arbeiten soll.

Der Einfluß des Bootes selbst auf die erzeugbare Windkraft

Die Fahrtgeschwindigkeit eines Segelbootes bei einer gegebenen Geschwindigkeit des atmosphärischen Windes hängt nicht zuletzt davon ab, ob die Besatzung zu jeder Zeit ihre gesamte Segelfläche der Windströmung anbieten und zur Krafterzeugung ausnutzen kann. Diese Voraus-

40

setzungen sind nur gegeben, wenn ein Boot aufrecht segelt (Abb. 27 A). Je mehr ein Boot krängt, desto mehr vermindert sich diese nutzbare Fläche (B), desto weniger Wind kann vom Segel verwertet, entsprechend geringere Segelkraft erzeugt und natürlich weniger Fahrt gelaufen werden.

Abbildung 28 zeigt, daß bei einer doch schon beträchtlichen Krängung von 30° der Verlust an effektiver Fläche mit nur 13% eigentlich noch sehr gering ist. Ein geringer Krängungswinkel macht sich also weniger stark bemerkbar, als wenn das Boot hart überliegt. Die Größe unseres Windmotors muß also zum Boot in einem richtigen und günstigen Verhältnis

Abb. 26

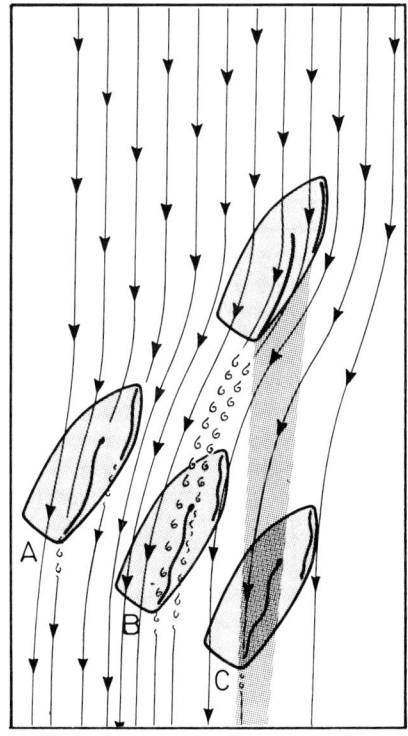

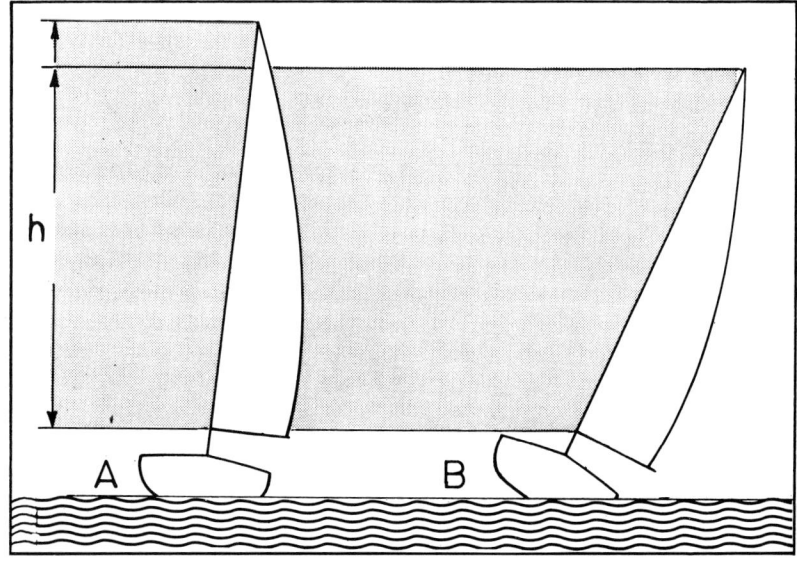

Abb. 27

stehen; d. h. der Rumpf muß ausreichende Segeltragfähigkeit besitzen, damit das Boot erst spät und nicht zu weit krängt. Im einzelnen können wir auf diese Bedingungen nicht eingehen. Hier will ich nur feststellen: In leichtem Wind kann jedes Boot immer zahlreiche Zusatzsegel wie Spinnaker, Blister usw. setzen, ohne daß es krängt. Bei Mittelwetter legt sich eine breitere Jolle, die von einer schweren Crew wirksam ausgeritten wird, natürlich später oder weniger über als ein schmales, rankes Boot mit Leichtgewichten und schlechten Ausreithilfen. Dasselbe gilt sinngemäß für breite, gut geballastete Kielboote gegenüber schmalen, schlanken Bleistiften. In schwerem Wetter ist die Segeltragfähigkeit nicht nur von der Stabilität des Bootes und den lebenden oder toten Ballastgewichten abhängig. Hier kann man durch rechtzeitiges Reduzieren der Segelfläche erreichen, daß ein Boot mit weniger Segelfläche durch seine geringere Krängung dem Wind eine wirksamere Arbeitsfläche bietet als

ein anderes Boot, das zwar rechnerisch mehr Segelfläche trägt, durch die damit verbundene größere Krängung jedoch dem Wind eine tatsächlich geringere nutzbare Fläche anbietet.
Im Gefahrenfalle kann man diese Krängung auch als Sicherheitsventil benutzen. Versäumt es die Besatzung, die Segel der herrschenden größeren Windgeschwindigkeit durch Bergen oder Reffen anzupassen, dann vermindert das Boot durch seine Krängung selbst die effektive Fläche (zumindest für eine gewisse Zeit und bis zu einem gewissen Grade) um die notwendigen Sicherheitsprozente.
Neuerliche Versuche, durch seitlich ausweichende Masten insbesondere auf Mehrrumpfbooten Patentrezepte gegen Kenterungen aus der Jahrhundertwende aufzuwärmen, dürften aus den gleichen oben genannten Gründen wenig Erfolg haben: Der Krängungsimpuls bleibt zweifellos

Abb. 28

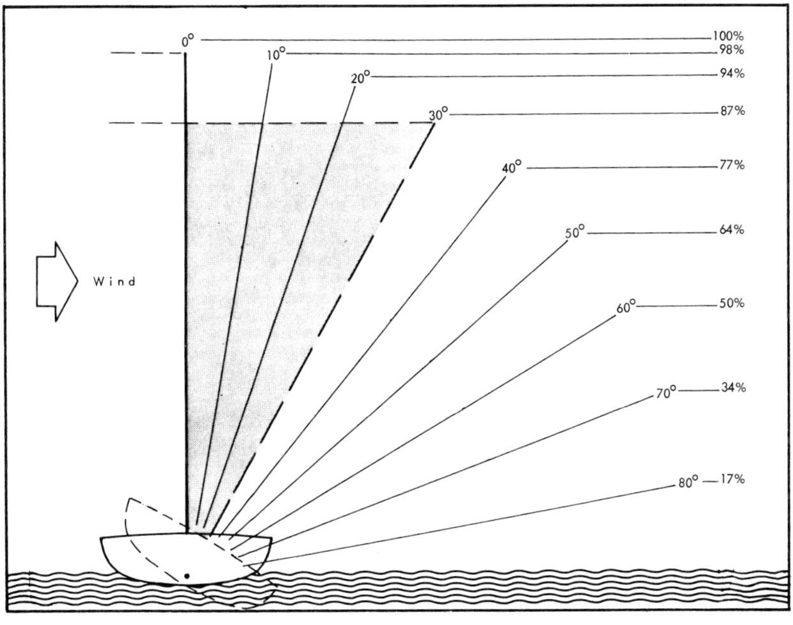

43

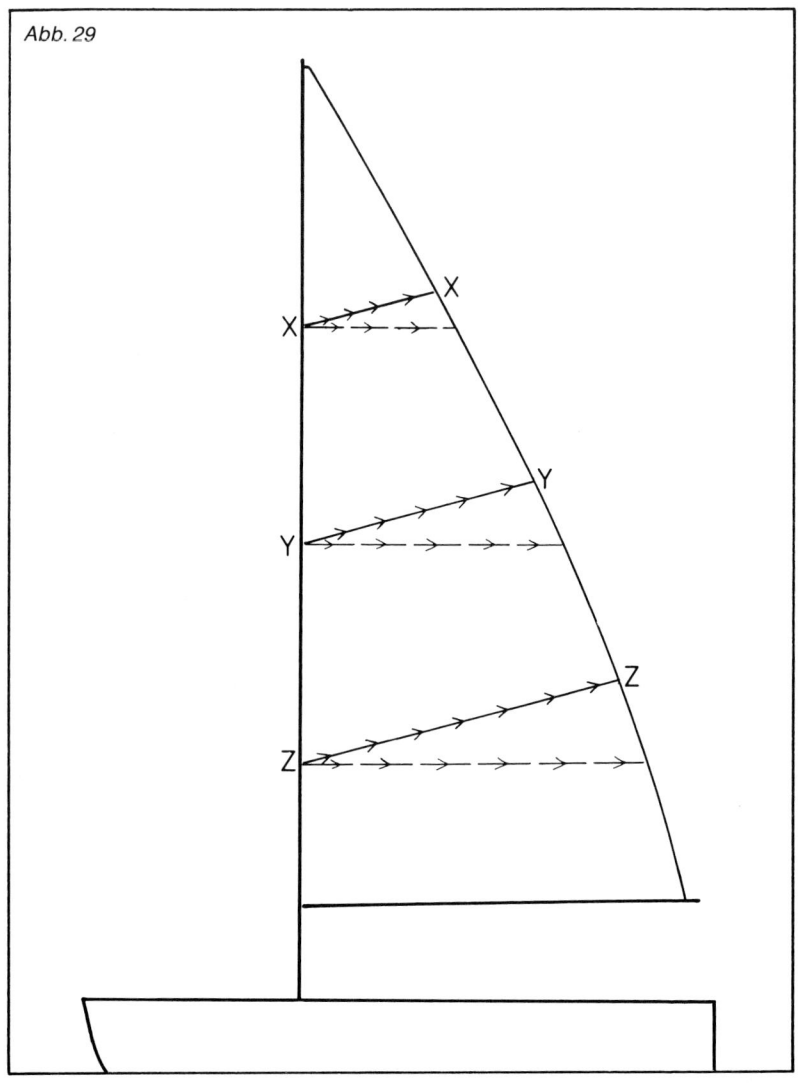

Abb. 29

auch erhalten, wenn sich der Mast um seine 15 Sicherheitsgrade seitlich neigt, und die Verminderung der Segelkraft bei einer automatischen Flächenreduzierung um 5% wird so verzögert eintreten, daß sich eine wirklich echte Kentergefahr durch solche Vorrichtungen nicht bannen läßt.

Eine weitere negative Nebenwirkung der Krängung stellt die mit der seitlichen Neigung verbundene Änderung des Anstellwinkels dar, über die wir ausführlicher erst viel später sprechen werden: Der optimale Anstellwinkel von 20° zum relativen Wind bei aufrechter Schwimmlage vermindert sich auf ungefähr die Hälfte (ca. 10°), wenn das Boot ca. 25° überliegt. Das bedeutet (siehe Abb. 28) geringere Kraftentfaltung am gleichen Segel unter sonst unveränderten Fahrt- und Wetterbedingungen.

Abb. 30

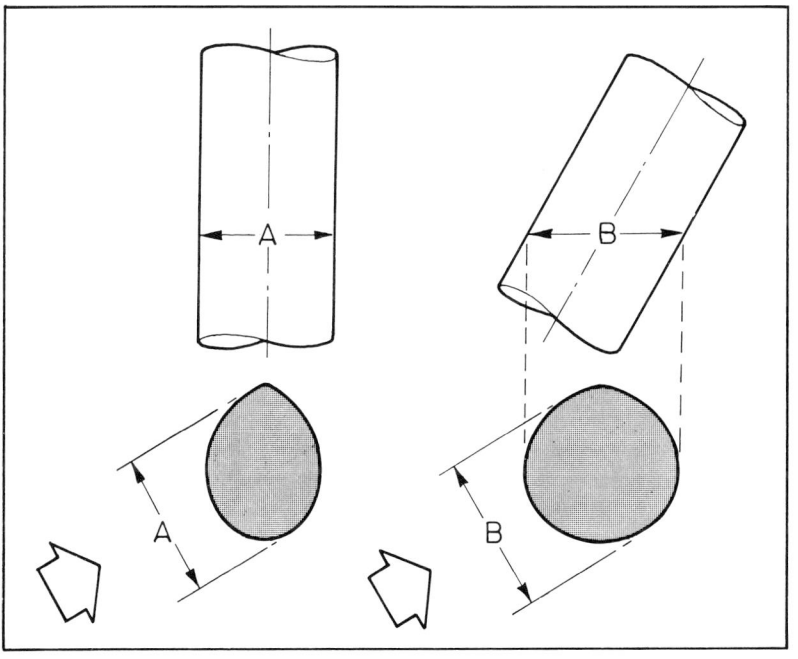

Weitere negative Erscheinungen der Krängung sind: der vertikale Windgradient entlang der Mastebene verändert sich, und die Geschwindigkeit des atmosphärischen Windes nimmt mit abnehmender effektiver Segelhöhe ebenfalls ab (siehe Abb. 5). Außerdem ändert sich die Segelwölbung, die als eigentliche „Brennkammer" den größten Einfluß auf die spezifische Kraft eines Segels hat (Abb. 29), und es vermehren sich die Widerstände insbesondere des Mastes (Abb. 30), der jetzt nicht mehr senkrecht in Richtung seines kleinsten konstruierten Querschnittes, sondern diagonal angeströmt wird. Aber damit sind wir eigentlich schon in eine Tiefe der Thematik eingestiegen, die (zumindest hier) noch nicht beabsichtigt ist.

Durch Luftdruckgegensätze entsteht der großräumige Wind

In der Großwetterlage entsteht der Wind durch die Luftdruck-Unterschiede zwischen zwei verschiedenen Gebieten. Die Luft fließt von den Gebieten höheren Luftdrucks in die Bereiche niedrigeren Luftdrucks. Diese abgeschlossenen Gebiete, in denen der Luftdruck höher als in den benachbarten Bereichen ist, bezeichnet man auch als Hoch oder in der Wetterkarte mit H. Nimmt der Luftdruck allseitig ab und wird er niedriger als in dem benachbarten Bereich, dann entsteht ein Tiefdruckgebiet oder Tief (T).

Der Luftdruck entsteht bekanntlich durch das Gewicht der Luft. Wenn wir ihn messen, dann wiegen wir praktisch die Luftsäule an unserem Beobachtungsort. Da kalte Luft gleichen Volumens dichter und damit schwerer ist als warme Luft, ist ihre bis zur Obergrenze der Atmosphäre reichende Luftsäule niedriger. Es verwirrt immer wieder, daß in dieser niedrigen Luftsäule natürlich ein höherer Luftdruck gemessen wird und man diesen Bereich daher als Hoch (Abb. 31) bezeichnet.

Da andererseits warme Luft dünner und damit leichter ist als kalte Luft, ist ihre bis zur Obergrenze der Atmosphäre reichende Luftsäule höher; es muß in ihr also ein niedriger Luftdruck herrschen, dessen Bereich wir als Tief (Abb. 31) bezeichnen.

Hierbei kommt es immer auf das Gewicht und die Temperatur in der

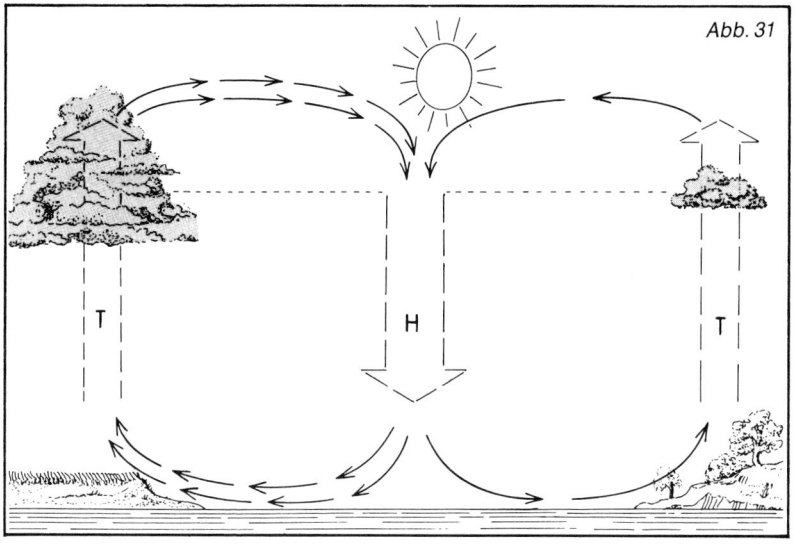

Abb. 31

gesamten Luftsäule an, und man kann weder den Luft*druck* aus der Lufttemperatur am Boden allein ableiten noch aus der Luft*temperatur* am Boden allein auf den Luftdruck und damit auf ein örtliches Hochdruck- oder Tiefdruckgebiet schließen. Ein „Hoch" verbindet sich bei uns immer mit dem Eindruck von warmem Wetter und hoher Lufttemperatur; aber dieser Eindruck von einigen Sonnenscheinstunden des Tages täuscht. Über die gesamte Zeit des Tages betrachtet fällt über den offenen Himmel ständig schwerere Kaltluft auf die Erdoberfläche, die aus diesen Gebieten höheren Luftdrucks (siehe Abb. 31) in Gebiete niedrigen Luftdrucks abströmt.

Demgegenüber muß uns ein Tiefdruckgebiet nicht ausschließlich einen naßkalten und damit viel unsympathischeren Eindruck vermitteln, den wir an Land oder auf See in Bodennähe haben. In einem Tief steigt warme Luft in einer bis zur Obergrenze der Atmosphäre reichenden Luftsäule auf (Abb. 31), auch wenn es am Erdboden gar nicht so freundlich und warm aussieht.

So ist es ganz logisch, daß der Wind vom Hoch zum Tief fließt und die Luft, die in Bodennähe in das Tief hineinströmt, nur nach oben hin ausweichen kann, während die Luft, die unten aus dem Hoch herausfließt, ständig von oben ersetzt werden muß. Tiefdruckgebiete mit „Aufwind" haben dabei einen geringeren Durchmesser als Hochdruckgebiete mit „Abwind", aber dafür steigt die Luft im Tief schneller und fällt im Hoch langsamer – und damit erfolgt die Verbindung von der Großwetterlage zum örtlichen Wetter ganz von selbst.

Die örtlichen Konkurrenten des atmosphärischen Windes

Die gleichen Verhältnisse, die in der Großwetterlage durch weiträumige *Luftdruckunterschiede* entstehen (die letztlich Folgen der großen, jahreszeitlich bedingten Temperaturschwankungen auf der Erde sind), entstehen in eng begrenzten örtlichen Bereichen durch tageszeitliche *Temperatur-Änderungen* (die ihrerseits wiederum zu Luftdruckgegensätzen führen). Neben der „Großraum"-Wetterlage gibt es ein „lokales Wetter" oder auch „Thermik-Wetter". Es entsteht durch die Heizkraft der Sonne auf so unterschiedlichen Flächen wie Land und Wasser, und so finden wir diese thermische Zirkulation nicht nur in den Küstengebieten der Meere, sondern an allen Wasserscheiden, d. h. auch an den kleineren und größeren Binnenseen. Wir sprechen dann von „Land- und Seewind", den oft sehr hilfreichen Konkurrenten des (schwachen oder eingeschlafenen) großräumigen atmosphärischen Windes.

Wenn die Sonne am Tag ihre Wärmekraft bis in die bodennahen Schichten auswirken kann, erwärmt sich das Land stärker als das Wasser (Abb. 31). Unterschiedliche Uferformationen müssen dabei nicht gleichmäßig stark angeheizt werden. Über offenen Bodenflächen wie Sandstrand, Felsenbereichen oder trockenen Feldern erhitzt sich die Luft und dehnt sich stärker aus (linkes Ufer) als über Waldgebieten, in denen die Sonneneinstrahlung nicht bis in den Boden dringen kann, oder über Wiesen, die durch ihre Feuchtigkeit ohnehin kälter bleiben (rechtes Ufer). In jedem Falle wird aber das Land stärker erwärmt als das Wasser, und so beginnt bald nach Sonnenaufgang ein Kreislauf der Luft am Erdboden:

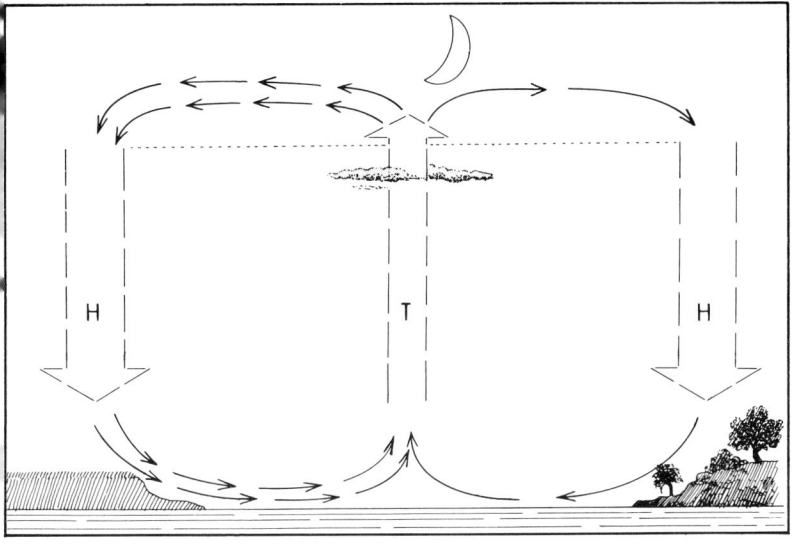

Abb. 32

Sie fließt aus den kälteren Bereichen über dem Wasser in die wärmeren Gebiete über Land. Dieser Seewind ist stärker in Richtung auf das linke Ufer, weil hier das Temperaturgefälle größer ist, und schwächer in Richtung auf das rechte Ufer. In der Höhe fließt die Luft im Rahmen dieses thermischen Kreislaufes wieder vom Land zum Meer, schneller vom linken, langsamer vom rechten Ufer.

In der Nacht wird dieser Seewind zum Landwind (Abb. 32): Die Uferbezirke kühlen sich bei klarem Wetter stärker ab als die Wasserflächen, die die Wärme länger bzw. unverändert halten. In die offenen Gebiete von Feldern, Felsen und Strand kann die atmosphärische Kälte stärker eindringen als in die durch Bäume und Wälder geschützte Oberfläche, und es kommt durch das wiederum größere Temperaturgefälle vom linken Ufer zur Seemitte zu einem stärkeren Landwind auf der linken Seite des Sees und zu einem schwächeren Landwind auf der rechten Seite. Der Ausgleich findet wiederum in der Höhe statt. Jetzt ist der See zu einem

Tiefdruckgebiet geworden, während sich an den Ufern örtlich begrenzte und kleine thermische Hochdruckgebiete gebildet haben. Hier hat sich jetzt nicht der Luftdruck am Boden zwischen den örtlichen (thermischen) Hochs und Tiefs verändert, sondern durch die örtliche Thermik, d. h. die Erwärmung der unteren Luftschichten, sind die Flächen gleichen Luftdruckes wie mit einem Fahrstuhl angehoben worden, und gegenüber den kälteren Gebieten ist ein Überdruck nur in der Höhe entstanden, der durch eine horizontale Luftbewegung wieder ausgeglichen wird. Vielleicht ist das Beispiel eines Paternosters besser, weil bei ihm das Paar der Körbe (wie die Luftströmung) nicht nur vertikal, sondern auch horizontal wandert.

Der Kreislauf des örtlichen Windes beginnt bei genügender Erwärmung bzw. Abkühlung, so daß wir zwischen dem Seewind (am Tage) und dem Landwind (in der Nacht) längere neutrale Phasen einer Morgenflaute und einer Abendflaute haben. Sie sind gleichzeitig das sicherste Anzeichen dafür, daß wir auf unserem Segelrevier am Tage mit Seewind oder in der Nacht mit Landwind rechnen können und sollten die Entscheidungen insbesondere für den Start zu Langfahrten unterstützen.

Cumulus-Wolken, die sich über dem küstennahen Land (an der deutschen Ostseeküste bis ca. 5 km hinter dem Strandstreifen) bilden, sich aber bald über der Wasserscheide wieder auflösen, sind am Tage das

Abb. 33

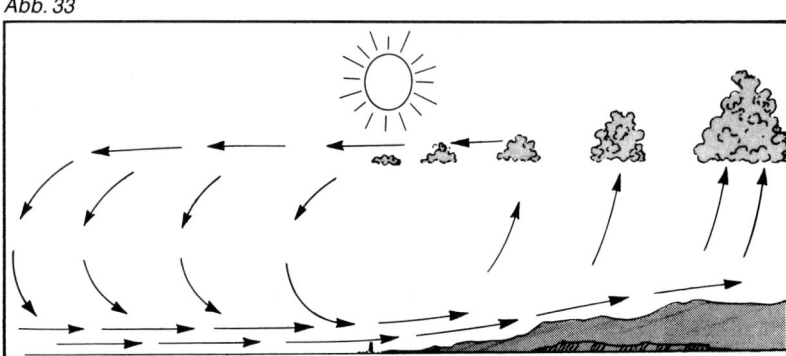

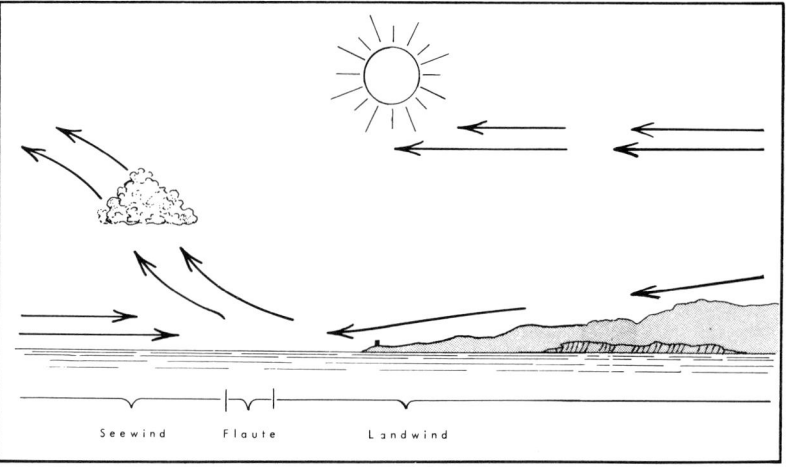

Seewind   Flaute   Landwind

Abb. 34

beste Anzeichen dafür, daß die idealen Verhältnisse für einen nutzbaren Seewind (Abb. 33) mit einem lokalen Tief über den Uferregionen und einem lokalen Hoch über der Wasserfläche bestehen. Man kann dann erfahrungsgemäß den Seewind bis dicht unter Land ausnutzen.

Liegt demgegenüber der Bereich der Cumulus-Wolken nicht über Land, sondern mehr seewärts und in einem Abstand zur Küste über dem Wasser (Abb. 34), dann zeugt dies von einem Kampf des sehr kräftigen atmosphärischen (überregionalen) Landwindes mit dem sich durch örtliche Thermik entwickelnden und zeitlich wie örtlich begrenzten Seewind. Eine Windgeschwindigkeit von 3 bis 5 m/s in der Großwetterlage kann schon ausreichen, den örtlichen Seewind hier zu besiegen. Die kalte Seeluft kann dann das warme Land nicht erreichen, um sich hier zu erwärmen und aufzusteigen, und wird vor der Küste abgebremst. Hier bildet sich eine kleine Kaltfront, auf deren Seeseite Seewind und auf deren Landseite Landwind herrscht. In der Front selbst muß man mit umlaufenden Winden oder Windstille rechnen; diese Bereiche muß man also entweder vermeiden oder so schnell wie möglich durchlaufen.

Das Kennzeichen dieses Stellungskrieges und dieser neutralen Gebiete

51

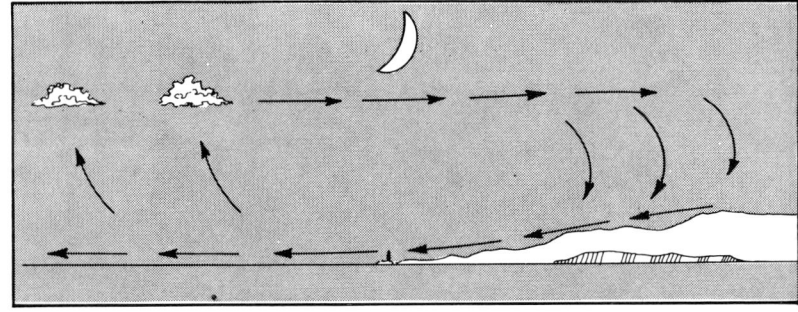

Abb. 35
Abb. 36

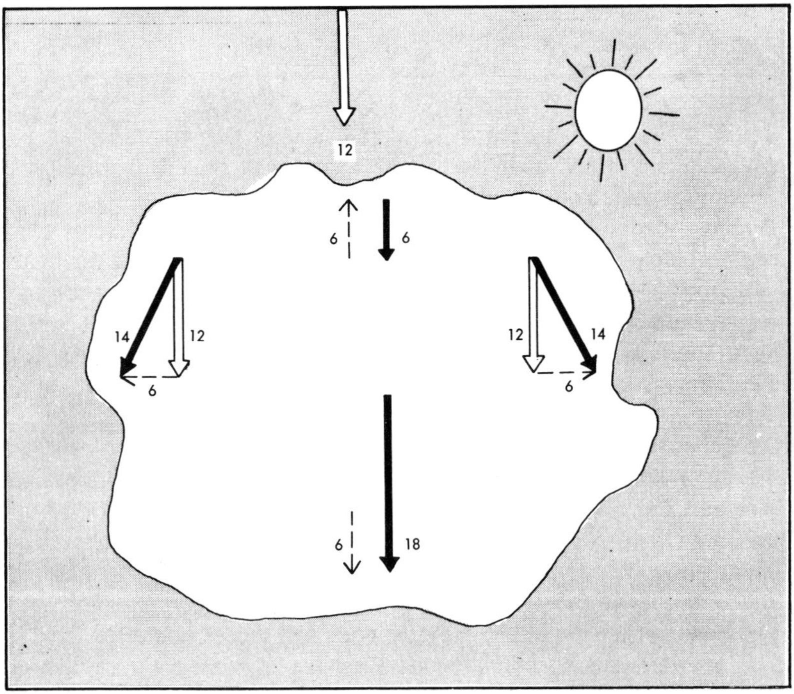

52

sind seewärts schräg aufsteigende Cumulus-Wolken, die vom vorherr-
schenden, über Land wehenden Wind der Großwetterlage mechanisch
wie in einem Fahrstuhl hochgehoben und über das Seewind-Gebiet ge-
tragen werden, über dem dann ein (meist schwächerer) Seewind an der
Wasseroberfläche und ein (verstärkter) Höhenwind herrscht. Die typischen Nacht-Verhältnisse mit Landwind und den über See aufsteigenden
kleineren Cumulus-Wölkchen zeigt Abbildung 35.
Überhaupt trifft man nicht häufig die unbeeinflußte Thermik für Land-
und Seewind-Verhältnisse an. Meistens kommt es (Abb. 36) zu einer Kom-
promiß-Windrichtung, d. h. zu einem relativen Wind, der in Richtung und
Geschwindigkeit aus dem dominierenden weiträumigen, atmosphäri-

Abb. 37

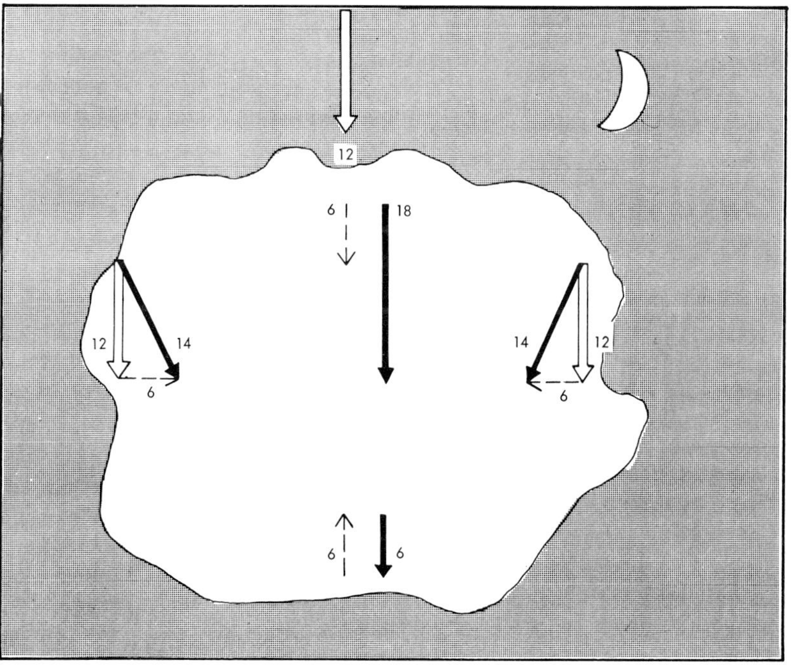

schen Wind und seinem durch örtliche Thermik geborenen Konkurrenten entsteht: Nehmen wir einen atmosphärischen Nordwind mit einer Windgeschwindigkeit von 12 kn oder 6 m/s an, dann herrscht am Nordufer unseres Segelreviers am Tage ein gleichgerichteter, aber flauerer Nordwind von 6 m/s Geschwindigkeit. Am Südufer verstärken sich die beiden Winde in Richtung und Stärke, so daß es zu einem viel kräftigeren Seewind von 18 kn Geschwindigkeit kommt. Am Ost- und Westufer verändern sich Richtung und Stärke des Seewindes durch diesen atmosphärischen Wind. (Die Erddrehung ist bei diesem Beispiel bewußt unberücksichtigt geblieben.)

In der Nacht liegen die Verhältnisse umgekehrt (Abb. 37), mit einem viel kräftigeren Landwind am Nordufer und einem gebremsten Landwind am Südufer, mit kräftigeren und in ihren Richtungen veränderten Landwinden am Ost- und Westufer.

Diese Verstärkung bzw. Verminderung des atmosphärischen Windes durch den See- oder Landwind kann eine sehr nützliche, aber auch eine sehr gefährliche Hilfe für den Segler sein; wir kommen in einem Beispiel („Im Sommerorkan gekentert?") später noch einmal hierauf zurück.

Die Auswirkungen der Erdformation auf den atmosphärischen Wind

Nicht nur Waldschneisen oder Häuser können örtliche, begrenzte Auswirkungen auf die Geschwindigkeit des atmosphärischen Windes haben, auch die Gestaltung der Erdoberfläche selbst kann über viel größere Räume die Geschwindigkeit des atmosphärischen Windes beeinflussen. Abbildung 38 zeigt eine solche Situation, bei der die Luftströmung durch eine Meerenge mit einem eingelagerten Hindernis, einer Insel, gezwungen wird. Diese Situation können wir nicht nur in schwedischen Schären oder norwegischen Fjorden antreffen, der sogenannte „Düseneffekt" des Windes entsteht auch, wenn wir auf einer Reede zwischen den verankerten Schiffen hindurchsegeln. Großräumig gesehen ist auch der Mistral aus dem Rhonetal oder die Bora an der jugoslawischen Küste nichts anderes als ein solcher verstärkter Düsen-Wind, den wir auch an Meeren-

54

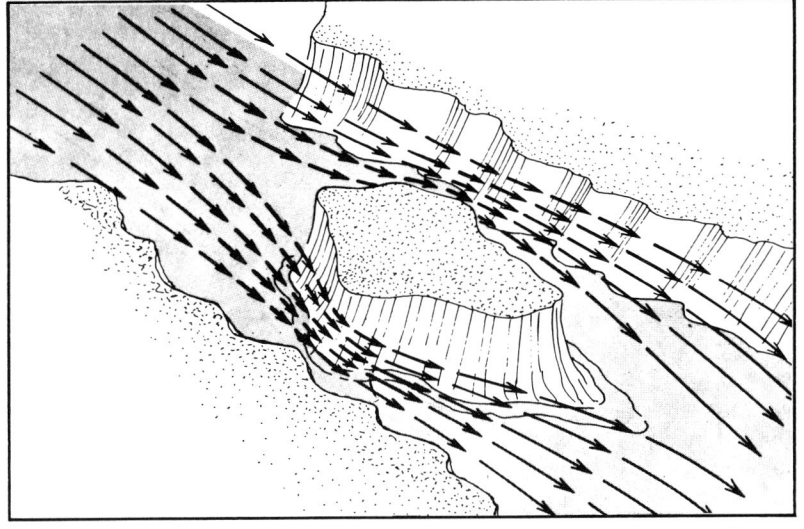

Abb. 38

gen wie z. B. in der Straße von Gibraltar oder an einfachen Flußmündun-
gen mit Hochufern oder vor Schleusen erleben können.

Wenn sich dem Wind ein solches Insel-Hindernis in den Weg stellt und er
seitlich nicht ausweichen kann, dann verengt sich praktisch sein Strömungsquerschnitt, und der Wind muß schneller fließen, um dieselbe
Luftmenge in der gleichen Zeit hindurchzuschleusen. Hierbei kann er
sich – abhängig von der Breite der Düse, durch die er hindurchschlüpfen
muß – erheblich beschleunigen, und es wird in hartem Wetter besonders
beim Aufkreuzen kaum möglich sein (wenn wir die Kenntnisse verwenden, die wir in den Kapiteln 3 und 4 erwerben werden), durch diese Engen
aufzukreuzen. Wir müssen dann schon eine Änderung der Wetterlage
(entweder der örtlich begrenzten oder der großräumigen) abwarten, um
diese Engen zu passieren – und dürfen diese Düsenwirkung des Windes
nicht auf die leichte Schulter nehmen.

55

Wie man einen Übermütigen zur Arbeit an unserem Segel überlistet

Unser Segel ist eine (eigentlich ganz) einfache Kraftmaschine, die Windenergie verwertet und in Vorschub für unser Boot umsetzt. Wir müssen gar nicht (wie es bisher meistens geschehen ist) sehr weit gehen, wenn wir Vergleiche suchen wollen, um das Wirken des Windes an ähnlichen Einrichtungen zu erklären:

Ein Haus stellt z. B. ein starres und unnachgiebiges, eine Baumgruppe ein nachgiebiges und flexibles Hindernis für die Kraft des Windes dar. Beide sind „Windfänger". Sie wirken als feststehende Angriffsflächen, die unter dem Winddruck (insbesondere bei sehr hohen Windgeschwindigkeiten) leiden können: Bäume werden dann entwurzelt, Hauswände stürzen ein.

Die Mütze weht uns der Wind nur vom Kopf, wenn er sehr kräftig weht. Aber wir haben nur dann Mühe, sie im Laufschritt wieder einzuholen, wenn der Wind in irgendeinem Winkel gegen den flachen Schirm oder in den gewölbten Bezug hineinblasen kann. Auftriebskraft zum Hochwehen der freigewordenen Kopfbedeckung oder Vorschub zum Davonsegeln dicht über dem Erdboden entsteht erst, wenn der Wind in einem günstigen Winkel auf die segelnde Mütze trifft – und dazu natürlich bei ausreichender Windgeschwindigkeit. Unsere segelnde Mütze ist kein „Windfang" mehr, sondern schon ein „Windverwerter".

Machen wir uns den Spaß: Lassen wir einen Strohhut für die Gartenarbeit neben der Seglermütze gemeinsam über eine möglichst glatte Straße trudeln (die eine geringe Rauhigkeit hat und damit eine größere Windgeschwindigkeit garantiert). Dabei wird uns gleichzeitig das „Leistungsge-

wicht" bewußt, das beide, in gleicher Windgeschwindigkeit unterschiedlich schnell davonsegelnde Flugobjekte haben: Der leichte Strohhut
fliegt höher und schneller.

Auch andere Windverwerter nutzen unsere Luftkraft aus

Mit den Problemen der Luftkraft machen wir alle eigentlich schon sehr
früh Bekanntschaft: Wer erinnert sich nicht an seinen ersten Luftballon,
der sicher in Bodennähe blieb, solange wir ihn fest an der Hand hielten,
aber statischen Auftrieb erhielt und auf und davon segelte, wenn wir sein
Halteband losließen? Das ist meistens unsere erste, ungewollte und un-
bewußte Bekanntschaft mit der Aerodynamik. Beim Drachensteigen waren wir schon fortgeschrittene Aerodynamiker; denn wir nutzten hier den
dynamischen Auftrieb aus, wenn es uns seinerzeit bei unserem Drachen
auch mehr auf ein möglichst großes und möglichst buntes Papier-Unge-
tüm ankam.
Aber beim Drachensteigen wird die Windkraft schon gewollt und bewußt
ausgenutzt. Ein Drachen ist ein ähnlicher horizontaler Segler wie unsere
Segelmütze, aber er ist natürlich für seinen speziellen Zweck – wenn
auch nur von Kinderhand – richtig konstruiert. Er funktioniert jedoch nur
unter zwei Bedingungen, an die wir uns sicher genau erinnern, wenn wir
über manchen fruchtlosen Versuch des Drachensteigens in unserer eigenen Jugendzeit nachdenken (Abb. 39):
1. Er arbeitet nur (d. h. er erhebt sich vom Boden und bleibt in der Luft
stehen), wenn seine tragende Fläche in einem bestimmten Winkel zur
Windrichtung angestellt ist. Dies muß der „richtige" Winkel (ca. 30°) zur
horizontalen Wind*strömung* bei weitgehend unverändertem Winkel von
90° zur Wind*richtung* sein. Mit Hilfe seiner Steuerleinen – den Schoten
unseres Segels vergleichbar – lassen sie sich unveränderlich einstellen.
2. Der Drachen benötigte *kräftigen* Wind, wenn er aufsteigen sollte. Die
besten Gebiete zum Drachensteigen sind daher bekanntlich im Sommer
die Deichkronen der Küste, wo der Seewind tagsüber ungehindert auf
das Land trifft, und im Herbst die leeren Felder hinter den entlaubten

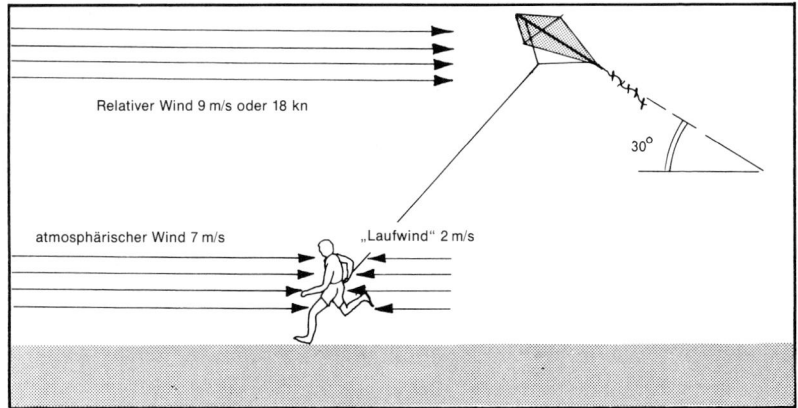

Relativer Wind 9 m/s oder 18 kn

30°

atmosphärischer Wind 7 m/s

„Laufwind" 2 m/s

Abb. 39

Bäumen, wenn der Höhenwind näher an den Erdboden gebracht wird und die Grenzschicht der Luft über dem Boden dünner wird.

Aber der Drachen arbeitet auch unter diesen jahreszeitlich oder örtlich bedingten besseren Bedingungen nur mit einem speziellen Trick. Wir müssen die Windgeschwindigkeit künstlich vergrößern, damit der Drachen erst einmal abheben kann. Dazu laufen wir mit dem in richtigem Winkel zur Horizontalströmung angestellten Drachen dem Wind entgegen, und aus dem herrschenden „atmosphärischen Wind" entsteht durch unseren „Laufwind" ein „relativer Wind", der die Bedingungen einer schnelleren Luftströmung am Drachen erfüllt und damit die Voraussetzung ist, daß diese einfache Windkraftmaschine mit mehr Windenergie arbeiten kann, als die Natur sie liefert. Wie deutlich sich die Laufgeschwindigkeit eines Jungen von 2 m/s zur Vergrößerung der (relativen) Windgeschwindigkeit auf die größere Windkraft auswirkt, zeigt uns ein Rückblick auf die Abbildung 4, in der wir die verbesserten Wirkungen mit einem Beispiel von nur 0,5 m/s zusätzlicher Windgeschwindigkeit darstellten. Für einen leichten Papierdrachen bedeutet das Tippeln eines kleinen Jungen also schon eine große Hilfe.

Wir registrieren, daß am Drachen nicht nur durch die herrschende Wind geschwindigkeit eine Luftströmung entsteht, die ihn hochhebt, sondern daß der Drachen selbst infolge seiner Bewegung eine Luftströmung „macht". Beide Strömungen zusammen ergeben eine dritte, hier nur allein wirkende Luftströmung, in die der Drachen wie in eine neue Haut hineinschlüpft – eine „relative Luftströmung". Sie wird durch Richtung und Stärke des atmosphärischen Windes und Richtung und Stärke der vom Körper selbst erzeugten Luftströmung geschaffen; hierauf kommen wir später noch ausführlicher zurück.

Wollen wir größere Gewichte vom Winde hoch- und wegwehen lassen, müssen wir entweder durch den gleichen Trick die Geschwindigkeit des relativen Windes (bei unveränderter atmosphärischer Luftgeschwindigkeit) noch mehr erhöhen, oder wir müssen den Querschnitt der tragenden Fläche so verbessern, daß sie bei gleicher Windgeschwindigkeit mit entsprechend sinnvoller Wölbung mehr Kraft erzeugen kann als der flache, plattenförmige Papierdrachen.

Beim Segelflugzeug haben wir beides gemacht und erreicht, daß der Wind das Gewicht eines Menschen von ca. 75 kg und das Gewicht des Seglers von ca. 250 kg tragen kann. Er muß dazu also eine Arbeit von mindestens 325 daN leisten – natürlich in Verbindung mit einer gleichzeitig vergrößerten „Segelfläche", die wir der Luftströmung durch eine entsprechend größere Wirkungsfläche an den Tragflächen des Seglers anbieten. Aber stellen wir zuerst nur fest:

1. Das Segelflugzeug als nicht mehr ganz so simple Windkraftmaschine

Abb. 40

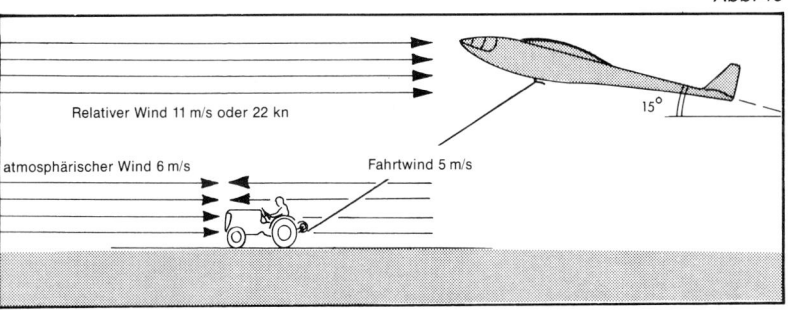

Relativer Wind 11 m/s oder 22 kn

15°

atmosphärischer Wind 6 m/s

Fahrtwind 5 m/s

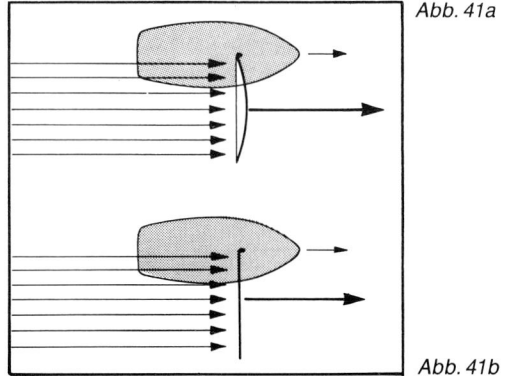

Abb. 41a

Abb. 41b

arbeitet nur, wenn es ein gewölbtes Tragflächenprofil hat, mit dem es bei richtigem Anstellwinkel zum Wind mehr Kraft erzeugen kann als die ebene Platte unseres Papierdrachens.

2. Es steigt nur auf, wenn man es (heute meistens mit Winden- oder Autohilfe) schneller gegen den Wind schleppt, d. h. die Geschwindigkeit des „relativen Windes" deutlicher über die des „atmosphärischen Windes" legt (Abb. 40).

Auch aus dem letzten Grunde noch einmal zurück zur Abbildung 4: Segelfliegen findet bei leichten Sommerwinden statt. Die Luftgeschwindigkeit muß sich also in den unteren Geschwindigkeitsbereichen deutlicher erhöhen, um den gleichen Kraftüberschuß zu erhalten, den der im Herbststurm gesetzte Drachen bereits bei einem geringeren Geschwindigkeitsüberschuß erzielt.

Die Tragfläche des Segelflugzeuges muß hierbei zwei Aufgaben erfüllen, die auch für unser Segelboot Bedingungen sind: Sie kann beim Starten und Aufsteigen nicht so stark ankippen wie der Drachen, sondern muß ihre maximale Kraft bei einem möglichst spitzen Anströmwinkel erreichen, damit der Segelgleiter in der Luft weitgehend waagerecht schwebt (der Anstellwinkel beim Start und beim Landen beträgt weniger als 15°).

Auf das Segel einer Jolle oder einer Yacht angewandt heißt das: Wenn der Wind uns mitnimmt (Abb. 41), reicht auch ein plattes („flaches") Segel aus. Nur die effektive Fläche, die dem Wind beim senkrechten Anströmen als Hindernis angeboten wird, ist dann von Bedeutung (Abb. 41b). Aber eine gleichgroße gewölbte Platte (Abb. 41a) erzeugt mehr Kraft und verleiht einem Boot unter sonst gleichen Bedingungen auch mehr Fahrt.

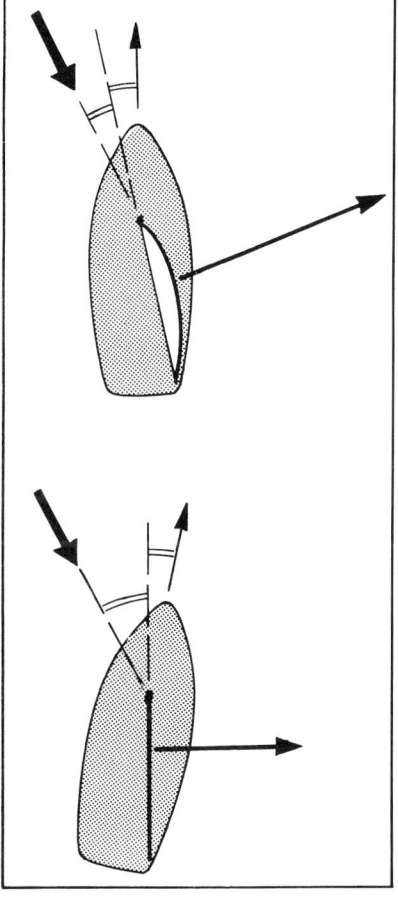

Abb. 42a

Abb. 42b

Wenn wir so weit wie möglich gegen den Wind segeln oder „kreuzen"
wollen, muß das Maximum der Segelkraft bei einem spitzen Anströmwinkel erzielt werden, bei dem nicht nur mehr Segelkraft erzeugt, sondern
die Kraft des Segels auch in eine günstigere Richtung als bei einem
flachen Profil gerichtet wird. Abbildung 42b zeigt, daß bei einem ganz
flachen Segel (einer ebenen Platte) die erzeugte Kraft des Segels so
gering und die Richtung so ungünstig ist, daß man mit dichten Schoten
lange nicht so vorteilhaft in Windrichtung aufkreuzen kann wie mit einem
bauchigeren Segel, das nicht nur mehr Kraft erzeugt, sondern diese auch
in eine mehr vorliche Richtung lenkt (Abb. 42a).

Das sind dann gleichzeitig die entscheidenden Merkmale eines Segelprofils: die Kraft, die es überhaupt erzeugen kann, und die Richtung, in die
es diese Kraft lenkt. Auf Kursen gegen den Wind (auf Am-Wind- oder
Kreuz-Kursen) nützt uns ein Segel am meisten, das bei gleicher Gesamtkraft sein Maximum mit einem spitzeren Anstellwinkel erhält, bei dem die
Richtung der Gesamtkraft also mehr nach vorn zeigt. Demgegenüber ist
auf raumen Kursen ein Segel günstiger, das mit der gleichen (vermesse-
nen) Segelfläche eine größere Gesamtkraft erzielt, weil die (um nur we-
nige Grade unterschiedliche) Richtung der Kraft ohnehin weitgehend in
Fahrtrichtung zeigt. Die Anstellwinkel dürfen dabei nicht ganz so unterschiedlich sein wie in Abbildung 43 bei den extremen Beispielen mit der
flachen Platte und dem bauchigen Segel; aber man sieht doch auch hier
deutlich, wie überlegen eine größere Segelwölbung über ein flacheres
Segelprofil ist und wie verständlich die Bestrebungen der Segler sind, die

Abb. 43

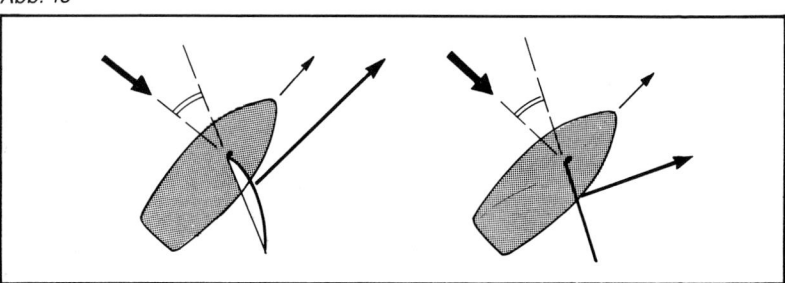

Segelwölbung ihres Großsegels (das man unterwegs im allgemeinen nicht wechseln kann) durch sinnvolle Regler verstellbar zu machen. (Ich werde auf diese Trimmtricks im Abschnitt „Regler" später ausführlich eingehen.) Die Lage des Scheitelpunktes einer Segelwölbung, die beste Wölbungstiefe und andere Details sind hier erst von zweitrangiger Bedeutung und können daher übergangen werden; wir kommen später hierauf zurück.

Um unseren Partner, den Wind als bewegte Luft, noch besser kennenzulernen, wollen wir uns vorher einige physikalische Grundbegriffe in Erinnerung rufen:

Wie entsteht die Luftkraft?

Wind finden wir überall, weil unsere Erde von einer Lufthülle umgeben ist (richtiger: „von einer aus Gasen bestehenden Masse"). Als Masse hat die Luft Gewicht und Dichte, und da die Lufthülle bis in große Höhen hinaufreicht, übt sie auf die Erde und alles, was dort steht, kreucht und fleucht, einen Druck aus – den bekannten Luftdruck.

In Kapitel 1 hatten wir gesehen, wie empfindlich die Luft auf jeden Druckunterschied reagiert: Bei der geringsten Luftdruck-Differenz strömt sie sofort und mit angemessener Geschwindigkeit vom Gebiet des höheren Drucks in den Bereich des niedrigeren Drucks. Aber dieser Druckausgleich erfolgt nicht nur im großen (dann nennen wir ihn „atmosphärischen Wind"), sondern auch im kleinen: Blasen wir einen Luftballon auf, dann entsteht in seinem Inneren ein (begrenzter) Raum höheren Luftdrucks – ein „Hoch" –, verglichen mit dem normalen Luftdruck an seiner Außenwandung, dem „Tief". Geben wir die Pusteöffnung des Luftballons wieder frei, dann wird die Innenluft vom relativen Unterdruck der Außenluft angesaugt. Sie strömt so lange heraus, bis wieder ein Luftausgleich hergestellt ist – aber der Luftballon bleibt dabei bekanntlich nicht stehen, sondern bewegt sich entgegengesetzt der Luftströmung und erhält einen „Vorschub".

Unser Segel ist aus einem ähnlichen luftundurchlässigen Stoff gefertigt wie die Ballonhülle. Es kann zwar keine Luft einschließen, aber es kann die Luft der einen Seite gegenüber der anderen Seite so wirksam abschirmen, daß ein Druckausgleich nicht durch das Segel hindurch, sondern erst am Ende seiner Fläche erfolgen kann.

Wenn wir zwei Segel in geringem Abstand hintereinander setzen (ein Vorsegel neben, vor oder hinter einem Großsegel), dann kommen wir den Bedingungen des Luftballons schon näher; jetzt ist zwar kein abgeschlossener Raum mit einer einzigen Pusteöffnung entstanden, aber immerhin ein Kanal mit zwar weichen, aber luftundurchlässigen Wandungen geschaffen worden, der eine (meist größere) Eingangsöffnung für die Luft zwischen Mast und Vorstag und eine (meist kleinere) Ausgangsöffnung zwischen Mast und Vorsegel-Achterliek hat. Wenn es also gelingt, auf der Vorder- und auf der Rückseite des Segels unterschiedlichen Luftdruck zu erzeugen oder einen Luftdruckunterschied zwischen den Segeln durch entsprechende (zusätzliche) Luftströmung abzubauen, dann erzeugen wir unter den winzigsten Verhältnissen an Bord die gleichen Voraussetzungen, die auch in der Großwetterlage zu Luftströmungen aus dem Gebiet höheren Drucks in die Gebiete schwächeren Drucks führen.

Die Luftmasse übt einen Druck aus, dessen Art dem Zustand ihrer Bewegung entspricht. Eine ruhende Luftmasse übt „statischen Druck", eine bewegte Luftmasse „dynamischen Druck" aus. In jedem Zustand verfügt die Luft über eine bestimmte Energie, und da sie vom Zustand der Ruhe in den Zustand der Bewegung übergehen kann (und umgekehrt), ändert sich auch die Verteilung der ihr innewohnenden Energieanteile: Die ruhende Luftmasse besitzt statische Energie, die strömende Luftmasse kinetische Energie (mit statischer Energie). Nach dem Gesetz von der Erhaltung der Energie, das zuerst Robert Mayer formulierte, kann Energie weder geschaffen noch vernichtet werden, sondern nur von einer Form in die andere überführt werden; die Gesamtenergie bleibt gleich.

Für uns Segler heißt dies: Die Luftmasse besitzt eine bestimmte Energie. Bei Flaute verfügt die ruhende Luft nur über statische Energie. Der Wind als bewegte Luft besitzt dagegen kinetische Energie oder Bewegungsenergie plus einen bestimmten Anteil statischer Energie. An unserem Segel nutzen wir den dynamischen Druck der strömenden Luftmasse und

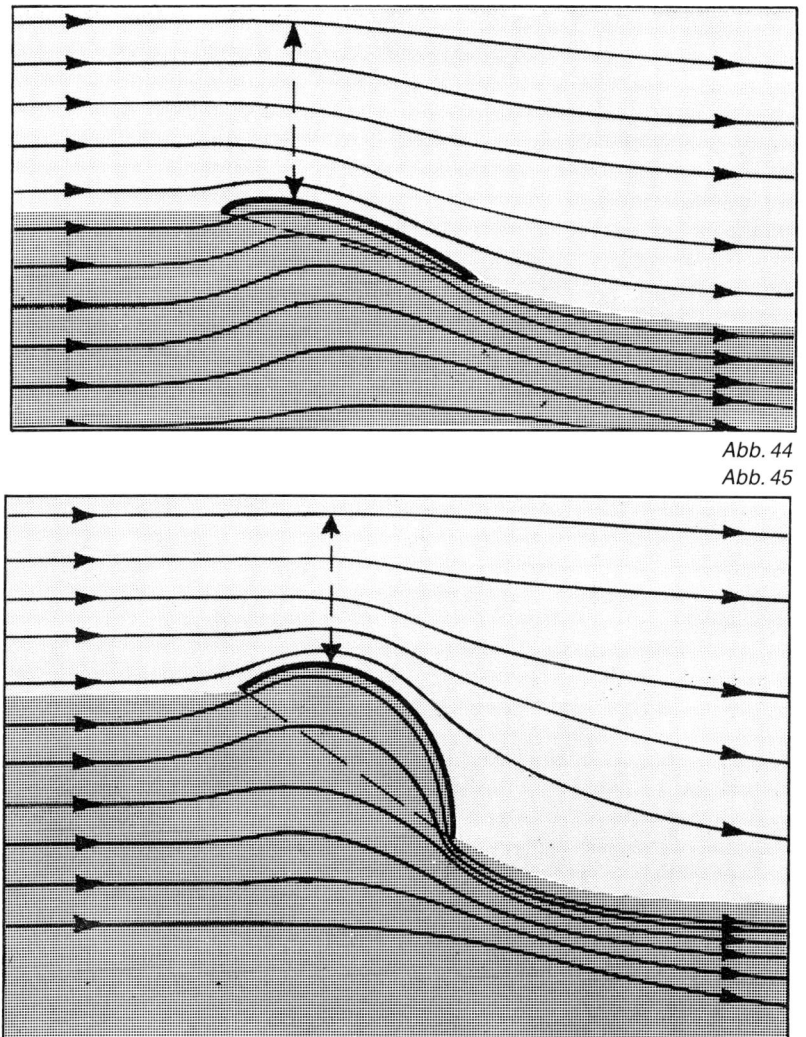

Abb. 44
Abb. 45

65

damit (hauptsächlich) die Anteile der kinetischen Energie aus. Je mehr es weht, d. h. je schneller die Luftströmung fließt, desto mehr nehmen die Anteile der Bewegungsenergie zu und die Anteile der statischen Energie ab.

Da es für die Strömungsgeschwindigkeit ohne Bedeutung ist, ob sich nur die Luft und/oder der Körper bewegt, kann ein Boot durch seine Eigengeschwindigkeit diese Luftströmung vergrößern oder verringern. Es bestimmt damit durch seinen Kurs und seine Eigengeschwindigkeit selbst, wie groß der ausgenutzte Anteil der kinetischen Energie von der Gesamtenergie der Luft ist. Oder deutlicher: Es ist allein der vom atmosphärischen Wind und vom Fahrtwind gebildete „relative Wind", der die Energie der Luftmasse liefert, mit der unser Segel die Kraft für den nützlichen Vorschub erzeugt. So entnehmen wir dem gleichen atmosphärischen Wind – wie wir später noch im einzelnen sehen werden – auf Kursen gegen den Wind viel mehr kinetische Energie als auf raumen Kursen, und wir nutzen an Bord (meistens) einen größeren dynamischen Druck der strömenden Luftmassen als an Land aus.

Wie erzeugt unser Segel diese Luftkraft?

Unser Segel ist praktisch ein gewölbtes Tragflächen-Profil, das nicht (wie beim Segelflugzeug) waagerecht in der Luftströmung liegt, sondern senkrecht in dieser Luftströmung steht. Es ist auch kein starres, sondern nur ein halbstarres Profil, das aus weichen Flächen an ganz starren Seiten (Mast und Großbaum) oder nur versteiften Seiten (Draht-Vorliek und Segellatten im Achterliek) besteht. Diese halbstarre Anordnung hat Vor- und Nachteile; aber für die spezifische Situation der (notgedrungen) senkrechten Stellung im Luftstrom überwiegen doch die Vorteile; denn anderenfalls würden wir sicher auch auf dem Wasser mit starren Tragflächen segeln, nachdem die moderne Werkstoffentwicklung auch starre Flächen für Segelboote von gleicher Form und gleichem Gewicht liefern könnte, wie sie Segelflugzeuge für ihre besonderen Bedingungen benutzen.

66

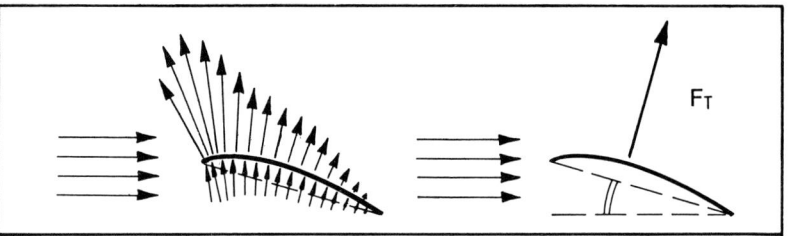

Abb. 46

Aber beginnen wir jetzt der Reihe nach und ohne Abschweifungen:
Wenn das Segel in einem Winkel von ca. 15° bis 20° vom (relativen) Wind
angeströmt wird, dann teilt sich der Luftstrom: Ein Teil fließt über die
Vorderseite des Segels; durch die Wölbung des Segels erweitert sich hier
der Strömungsquerschnitt, und die Luftströmung wird langsamer. An der
Leeseite wird sie demgegenüber zusammengedrängt (Abb. 44), und da
die anströmende Luft noch den Bauch des Segels umgehen und einen
längeren Weg bis zum Achterliek zurücklegen muß, wird die Luftgeschwindigkeit größer.

So kommt es durch die unterschiedliche Luftgeschwindigkeit an der
Luvseite unseres Segels zu einem Luftdruck, der größer als der atmosphärische Druck ist, während an der Leeseite ein geringerer Luftdruck

Abb. 47

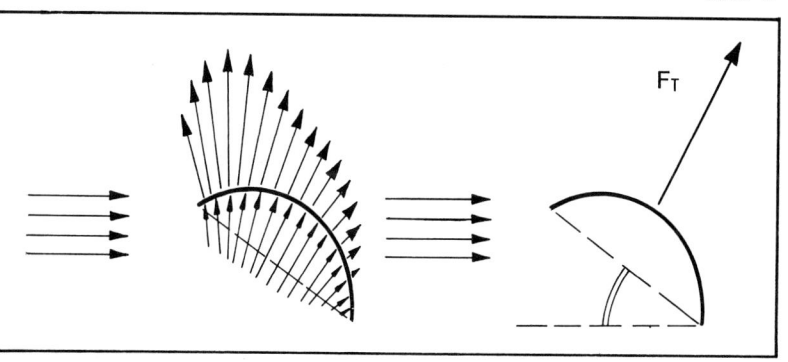

entsteht. Da der Druckausgleich nicht durch das Segel hindurch erfolgen kann, muß das ganze Segel versuchen, aus dem Bereich des hohen Luftdrucks in das Gebiet niedrigeren Luftdrucks auszuweichen, und da es diese Wanderung nicht vollziehen kann, ohne das Boot, das es hält, mitzunehmen, entsteht nur eine Kraft in dieser Richtung, die (mehrfach über andere Bootsteile übertragen) als Vorschub in Fahrtrichtung ausgenutzt wird.

Die bewegte Luft übt hierbei einen dynamischen Druck aus, der um so größer ist, je schneller die Strömung fließt. Da die Größe des dynamischen Drucks mit dem Quadrat der Strömungsgeschwindigkeit wächst, haben wir natürlich das Bestreben, durch größere Segelwölbungen den Strömungsquerschnitt an der Leeseite mit Hilfe einer vergrößerten Segelwölbung noch mehr zu verengen (Abb. 45). Wenn hier dem Segelbauch auch nur bedingt Grenzen gesetzt sind, ist eine übergroße Segelwölbung doch mit anderen Nachteilen verbunden, so daß der Spielraum für den Segler in dieser Hinsicht gering ist.

Die detaillierte Druckverteilung an Segelprofilen unterschiedlicher Wölbung zeigen die Abbildungen 46 und 47; sie beziehen sich auf dieselben Profile, deren Luftströmungen mit der entsprechenden Druckverteilung in den Abbildungen 44 und 45 gezeigt sind.

Wir sehen in den Abbildungen 46 und 47, daß die Leeseite die wichtigste Seite ist. Bei einem flachen Profil entsteht die größte Kraft bei einem kleinen Anstellwinkel (Abb. 46), bei einem bauchigen Segel wird die größte Kraft erst bei einem größeren Anstellwinkel (Abb. 47) erzeugt. Von den vielen Einzelkräften haben wir nur die Gesamtkraft des Segels F_T eingezeichnet, in der wir uns alle Einzeldruckkräfte konzentriert denken. Diese Gesamtkraft wirkt durch den Segeldruckpunkt, der seine Lage verändern kann und nicht identisch mit dem (geometrisch ermittelten) Segel*schwer*punkt ist. Wir registrieren, daß die Gesamtkraft F_T des flacheren Segels mehr nach Luv, die des bauchigeren Segels mehr nach Lee gerichtet ist; dafür ist jedoch die Kraft des gewölbten Segels größer als die des flachen Segels (vergleiche sinngemäß Abb. 41–43).

So hat jedes Segelprofil unterschiedliche Eigenschaften, und wenn uns auch nur die Richtung und die Stärke der Gesamtkraft interessiert, müssen wir uns doch mit den beiden Komponenten Auftrieb (F_A) und Widerstand (F_W) beschäftigen, mit deren Hilfe die Gesamtkraft nur experimentell ermittelt werden kann. Sie bestimmen auch (durch ihre Wechselbe-

Abb. 48

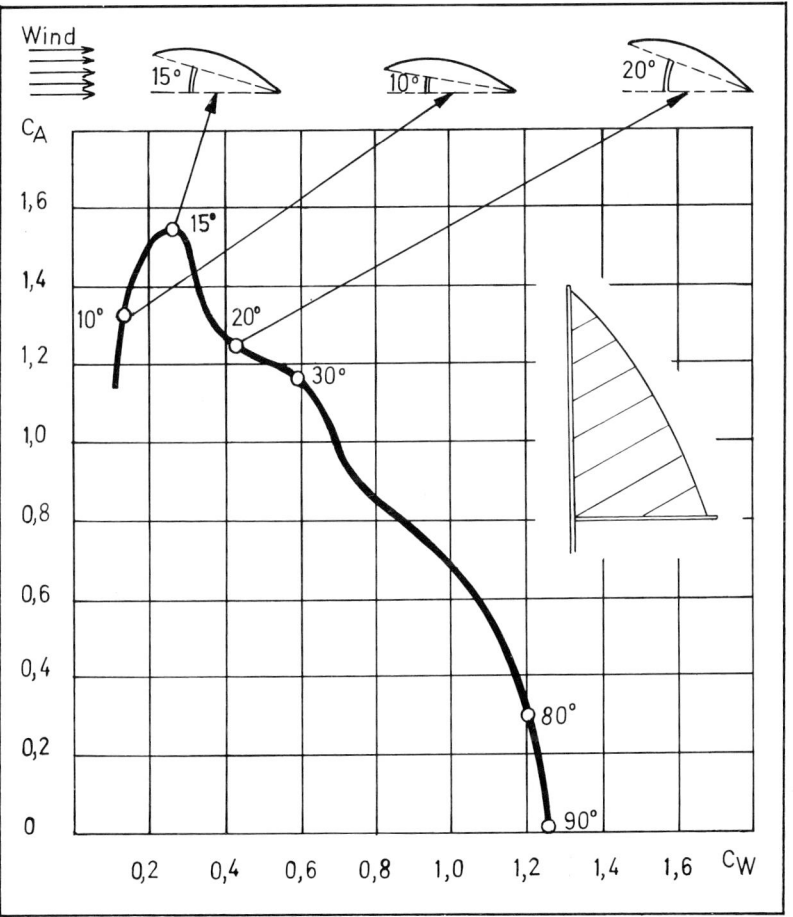

ziehungen) Richtung und Stärke der Gesamtkraft bei unterschiedlicher Anströmung des Windes (siehe Abb. 103–105).

Das Polardiagramm – Visitenkarte unseres Segels

Abbildung 48 zeigt ein Polardiagramm, das die unterschiedlichen Leistungen unseres Segelprofils bei den vielen möglichen Anstellwinkeln des Segels enthält. Es wird seine Schrecken für alle diejenigen Leser schnell verlieren, die Kurven nicht lesen können oder wollen. Wir kommen (leider) ohne diese Leistungskurven eines Segels nicht aus, aber ich werde zeigen, wie wir einen schnellen und einfachen Sprung von der Theorie in die Praxis schaffen.

Wir haben gesehen, daß durch die unterschiedlichen Luftgeschwindigkeiten an der Luv- und Leeseite unseres Segels verschiedene „Druckgebiete" entstehen: Unterdruck durch hohe Luftgeschwindigkeit an der Leeseite und Überdruck durch geringe Geschwindigkeit an der Luvseite. Dadurch entsteht eine Gesamtkraft F_T, die aus den Komponenten Widerstand (F_W) in Richtung der Luftströmung und Auftrieb (F_A) senkrecht zur Anströmrichtung des Windes ermittelt wird. Die Segelkraft F_T liegt als Resultierende zwischen diesen beiden Kraftkomponenten und wirkt (abhängig von der unterschiedlichen Stärke der beiden Komponenten) in einem Winkel zur Sehne des Segels.

Jedes Segelprofil hat einen optimalen Anstellwinkel, bei dem es seine maximale Kraft erzeugt. Dieser Zustand ist hergestellt, wenn das Segelprofil allseitig laminar umströmt ist, d. h. alle Luftteilchen sowohl auf der (vorderen) Luvseite wie auf der (achteren) Leeseite vom Vorliek bis zum Achterliek glatt und reibungsfrei, ohne Geschwindigkeitsdifferenz zueinander und parallel nebeneinander dahinströmen (Abb. 49). Das soll bei unserem Profil mit dem üblichen Seitenverhältnis unseres Segels und einer Wölbung von 10% bei einem Anstellwinkel von 15° der Fall sein.

Im Prinzip sehen solche Polardiagramme alle gleich aus, und erst die „Beiwerte" sagen uns, wo Vor- oder Nachteile von Profilen und deren Leistungsunterschiede liegen.

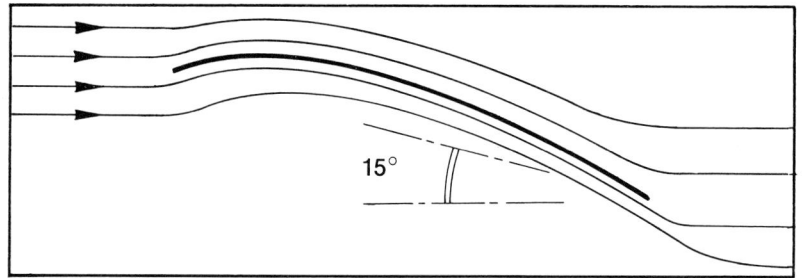

Abb. 49

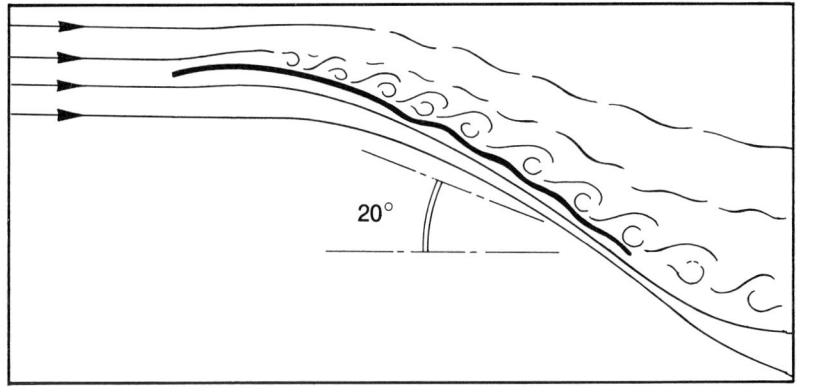

Abb. 50

Abb. 51

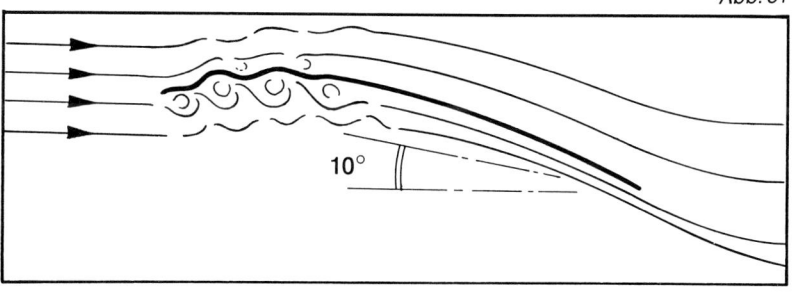

Wir benötigen diese Beiwerte für den Auftrieb (C_A) und für den Widerstand (C_W) eines Profils, um die Leistungen eines Segels bei verschiedenen Windgeschwindigkeiten und unterschiedlichen Kursen zum atmosphärischen Wind berechnen zu können. Verweilen wir daher noch einen Augenblick bei dem „Beiwert": Er ist eine dimensionslose Zahl, die uns als Kennziffer, Gütemarke (oder wie auch immer wir sie anschaulich bezeichnen wollen) zeigt, was ein Profil überhaupt zu leisten vermag. In unserem Falle heißt das: Wie groß der Anteil der (auf fast allen Kursen gewünschten positiven) Auftriebskräfte und wie klein der Anteil der (meistens nicht sympathischen) Widerstandskräfte an der Gesamtkraft unseres Segels ist.

Abbildung 48 zeigt, daß Auftriebs- und Widerstandsbeiwerte veränderlich sind, wenn wir die Anströmrichtung des Windes an unserem Segel verändern. Bei einer beidseitig laminaren Strömung und einem Anstellwinkel von 15° (vgl. Abb. 49) erzeugt das Segelprofil einen Auftriebsbeiwert von 1,54 und einen Widerstandsbeiwert von 0,3. Liegt die Luftströmung durch einen zu großen Anstellwinkel von 20° nur auf der Luvseite laminar an, während auf der (bekanntlich viel wichtigeren) Leeseite eine turbulente Strömung beginnt (Abb. 50), dann vermindert sich der Auftriebsbeiwert auf ca. 1,25, während der Widerstandsbeiwert auf ca. 0,45 anwächst. Tanzen die Luftteilchen hingegen nur auf der Luvseite durch ihre Turbulenz aus der Reihe (Abb. 51), weil das Segel mit einem zu kleinen Winkel von 10° zur Luftströmung angestellt ist, dann vermindert sich zwar der Auftriebsbeiwert auf ca. 1,35 – aber gleichzeitig nimmt auch der Widerstandsbeiwert ab. Diese anscheinend nur kleinen Unterschiede sind von immensem Einfluß, weil sie bei der Berechnung der Segelkraft als Faktoren bzw. Multiplikatoren wirken, so daß jeder kleine Stellenwert einen vielfachen Einfluß hat.

Der Praktiker an der Pinne kann meistens mit diesen Diagrammen in aerodynamischen Fachbüchern wenig anfangen: Einmal beziehen sie sich auf künstliche Bedingungen im Windkanal, auf starre Platten oder Profile ohne die störende Vorderkante des Mastes, und zum anderen ist es sehr schwierig, diese wohl verstandenen Erkenntnisse der Theorie in die Praxis an Bord zu übertragen.

Wer mit seinem Windmotor, dem Segel, nicht nur sicher, sondern auch ökonomisch segeln will, muß aber diesen Schritt von der Theorie in die Praxis gehen lernen. Das ist gar nicht schwer, und bei diesem Übergang werden auch die Fehler eliminiert, die jedem Polardiagramm bei einer genauen Verwertung in der Praxis nun einmal anhaften müssen, weil es

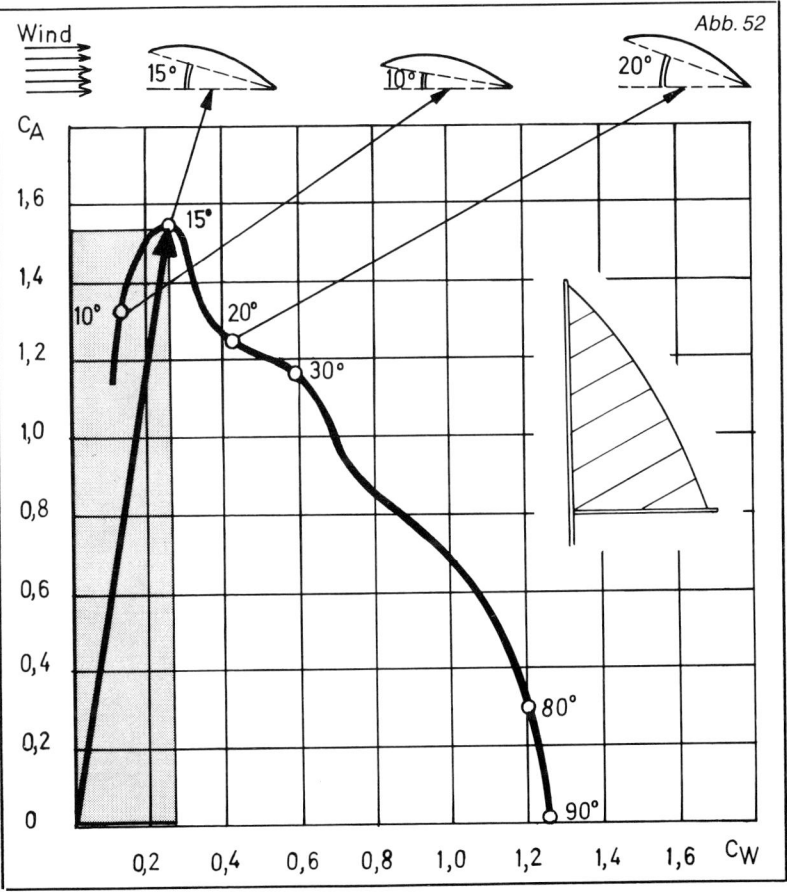

Abb. 52

nur bei Versuchen mit – starren oder maßstäblich verkleinerten – Segelprofilen in einem Windkanal und nicht mit natürlichen Tuchsegeln in der
Praxis aufgezeichnet wurde:

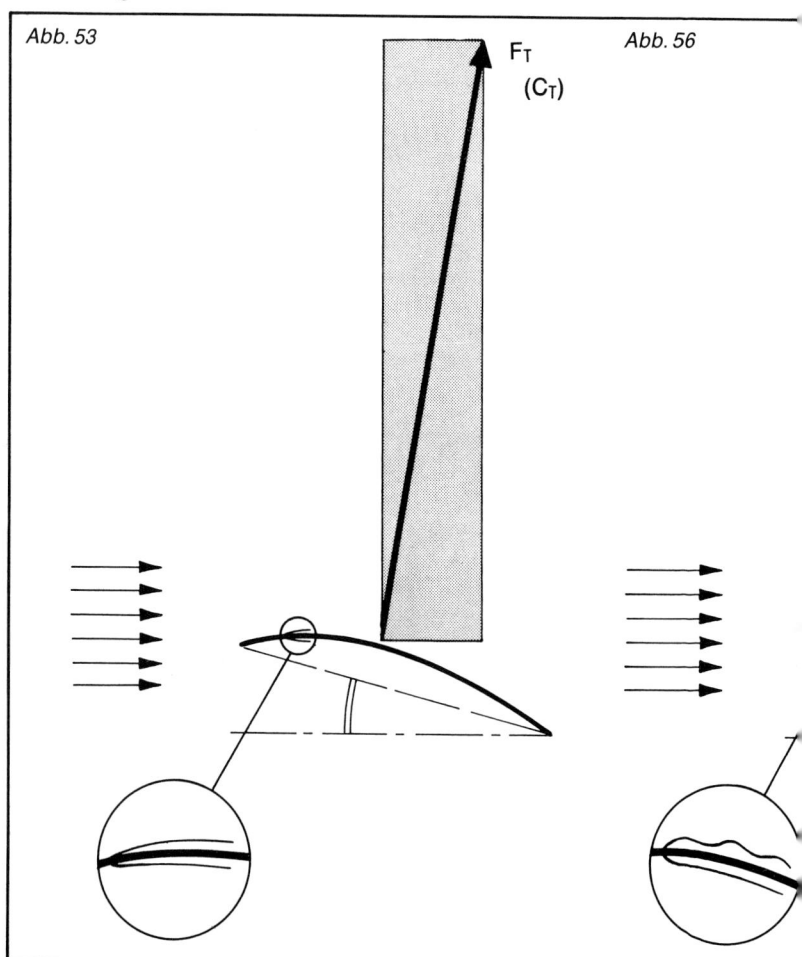

Abb. 53

F_T
(C_T)

Abb. 56

Abbildung 52 zeigt die Auftriebs- und Widerstandsbeiwerte bei dem optimalen Anstellwinkel des Segels von 15°, aber dazu auch die Richtung und Größe der Gesamtkraft F_T des Segels. Jeder Eigner kann diesen optima-

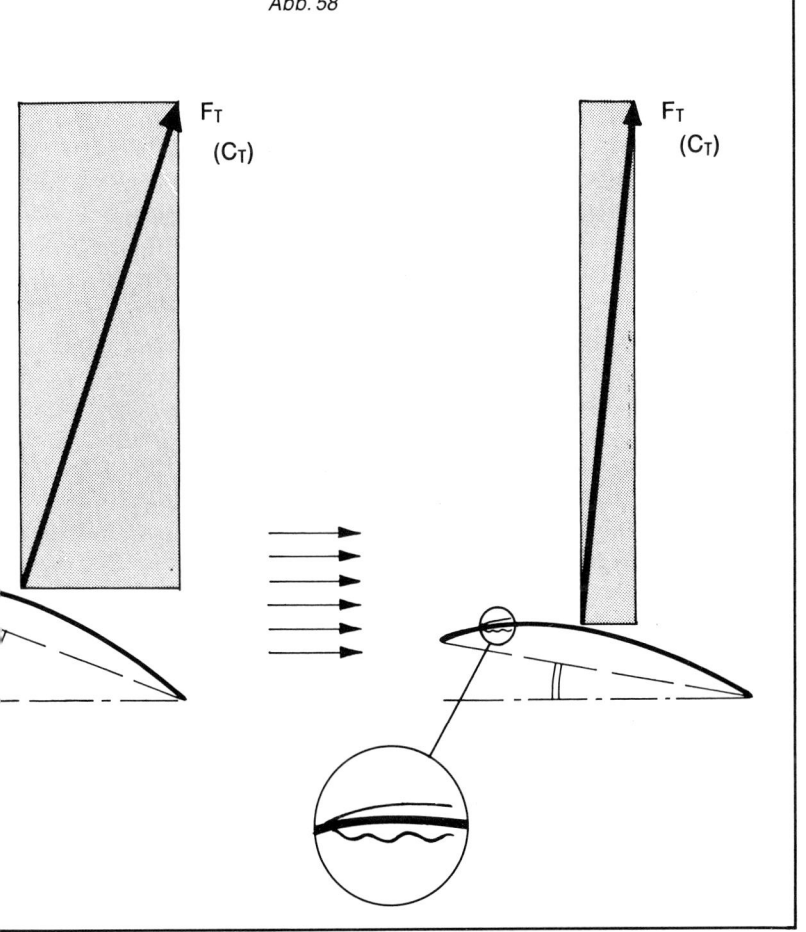

Abb. 58

len Anstellwinkel in der Praxis ebenfalls ermitteln, wenn er sowohl beim Großsegel wie an seinen Vorsegeln dicht hinter der Luvkante kleine Fäden annäht (Abb. 54), die ihm die (sonst unsichtbare) Luftströmung an beiden Seiten des Segels bei unterschiedlichen Anstellwinkeln anzeigen. Liegt die Strömung beidseitig laminar an, d. h. fliegen alle Luftmoleküle geordnet und reibungsfrei am Segelprofil entlang, dann liegen auch die Fädchen sowohl auf der Luv- wie auf der Leeseite glatt auf der Segelfläche an (Abb. 53).

Die Widerstandsanteile sind bei diesem optimalen Anstellwinkel von 15° bei diesem Profil gering: Der Formwiderstand, der durch die Größe und die Form des Segelprofils entsteht, der Reibungswiderstand in der Grenzschicht, der vor allem von der Beschaffenheit der Profiloberfläche, also Rauhigkeit und Falten abhängig ist, und der induzierte oder Randwiderstand durch den Druckausgleich über die Segelenden.

Wie sich Größe und Richtung der Segelkraft verändern, wenn das Segel in einem zu großen Anstellwinkel von 20° von der Luftströmung erreicht wird, zeigt im Diagramm Abbildung 55 und in der seglerischen Praxis Abbildung 56: Jetzt werden die Fadensonden im vorderen Bereich der Leeströmung seitlich weggeweht, während gleichzeitig das Achterliek (vgl. Abb. 50) zu killen beginnt. Dies ist für den Mann an der Pinne ein Zeichen, daß der Anstellwinkel zu groß geworden ist. Die Wirbel beginnen sich bereits beträchtlich weiter vorn zu bilden; zu ihrer Erzeugung wird ein wertvoller Teil der Energie verbraucht, und durch den höheren Widerstandsbeiwert wird nicht nur die Gesamtkraft unseres Segels kleiner, ihre Richtung ist auch ungünstiger nach Lee gelenkt.

Auf einen Teil der Gesamtkraft verzichten wir, wenn das Segel in einem zu kleinen Winkel vom Wind angeströmt wird (Abb. 57). Die Fädchen beginnen dann an der vorderen Luvseite zu flattern (Abb. 58), oder das Segel fällt dabei im vorderen Bereich ein (vgl. Abb. 51). Wenn das Segelprofil vom relativen Wind zu spitz angeströmt wird, sind zwar die Widerstände geringer. Dafür erzeugt das Segel durch seinen geringeren Auftrieb aber auch weniger Gesamtkraft, und die günstigere Richtung hat nur einen geringen Wert.

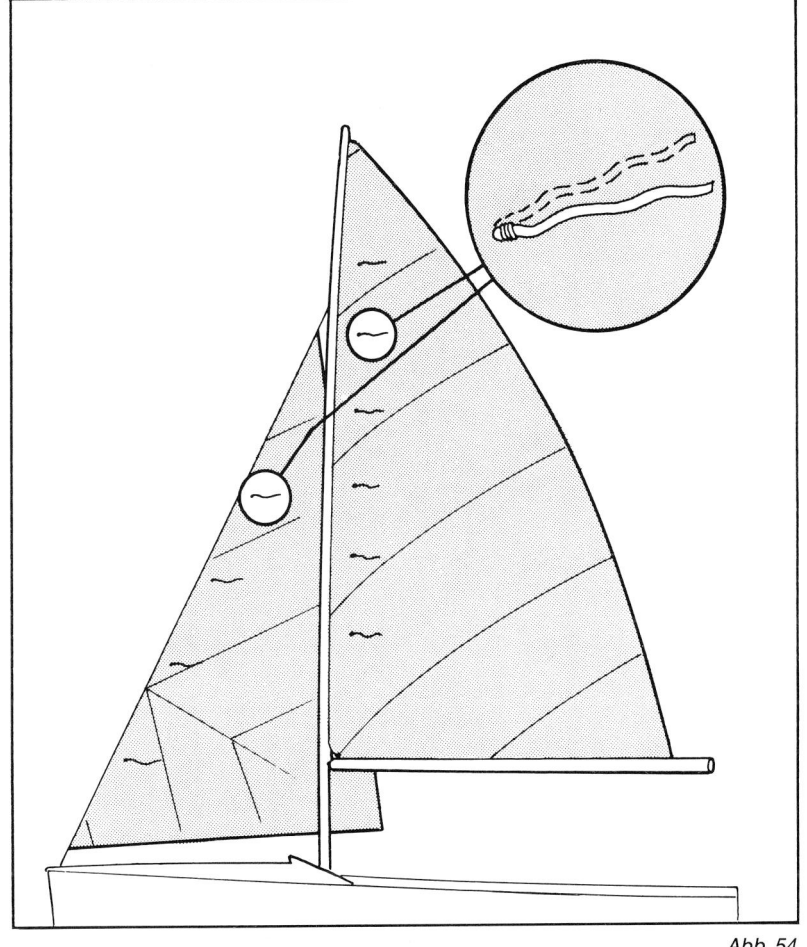

Abb. 54

Abbildung 59 zeigt uns, was passiert, wenn die turbulente Strömung bei einem Anstellwinkel von 30° schon früher dicht hinter dem Mast beginnt und sich weiter leewärts erstreckt: Der Auftriebsbeiwert hat sich weiter vermindert, der Widerstandsbeiwert kräftig erhöht, und die Richtung der Kraft ist weiter nach Lee gewandert.

Abb. 55

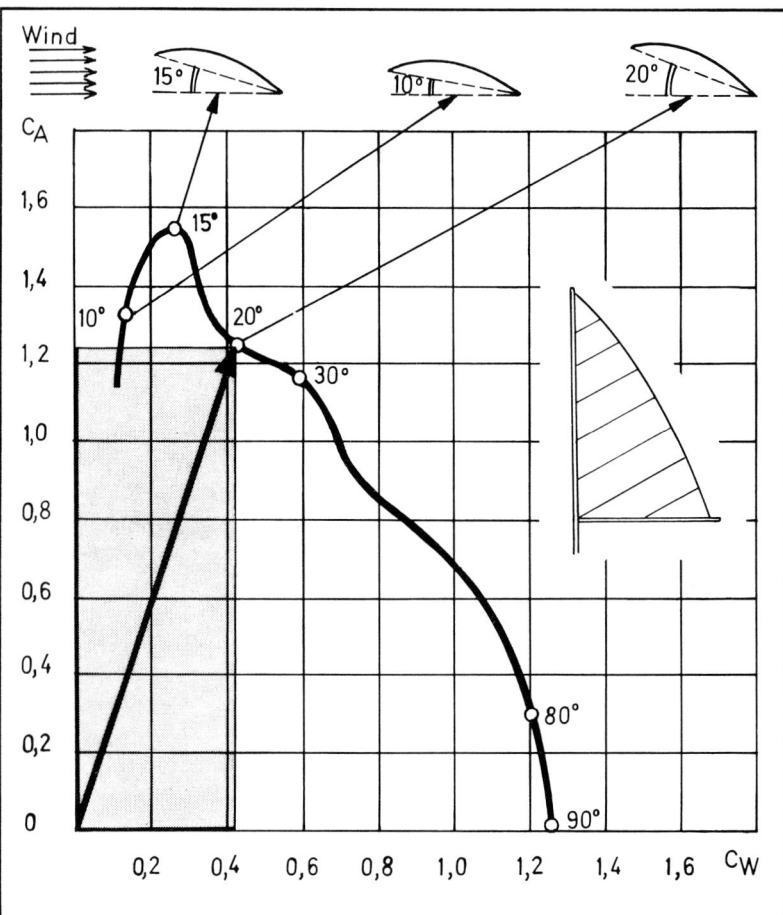

Wenn der Wind in einem Winkel von ca. 80° oder damit fast vierkant gegen das Segel strömt (Abb. 60), wird aus dem „Windmotor" unseres Segels in den bisherigen Positionen ein simpler „Windfang", der fast als

Abb. 57

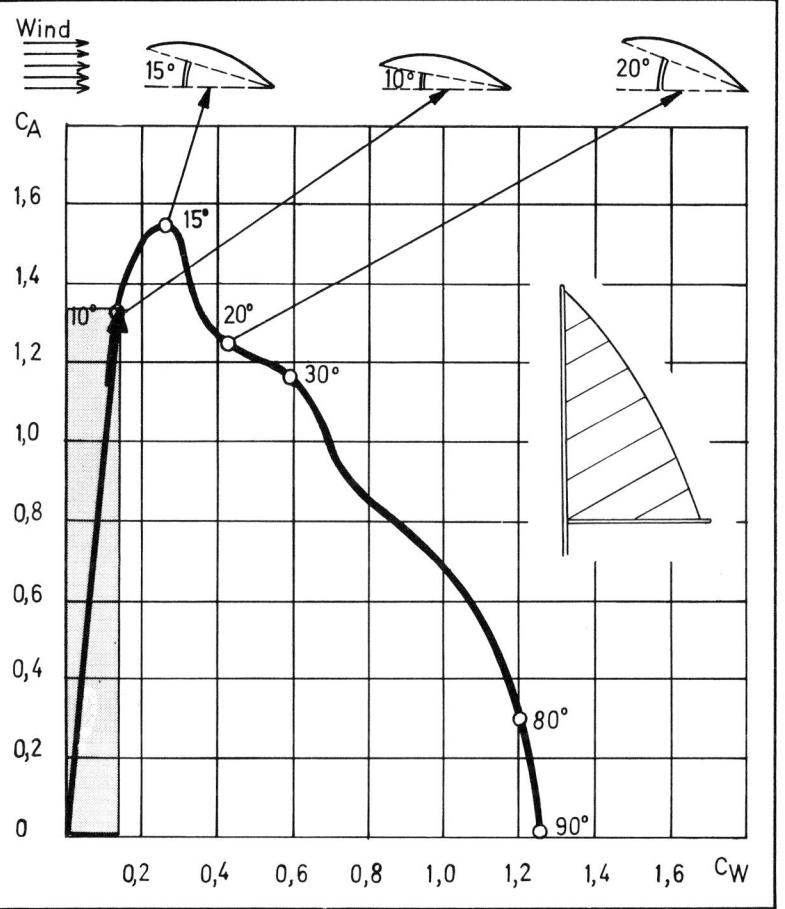

reiner Widerstandskörper wirkt. Mit einem Auftriebsbeiwert von ca. 0,25 und einem Widerstandsbeiwert von 1,2 wirkt er (begünstigt durch die Wölbung des Profils von 10%) nur wenig besser als eine Hauswand oder

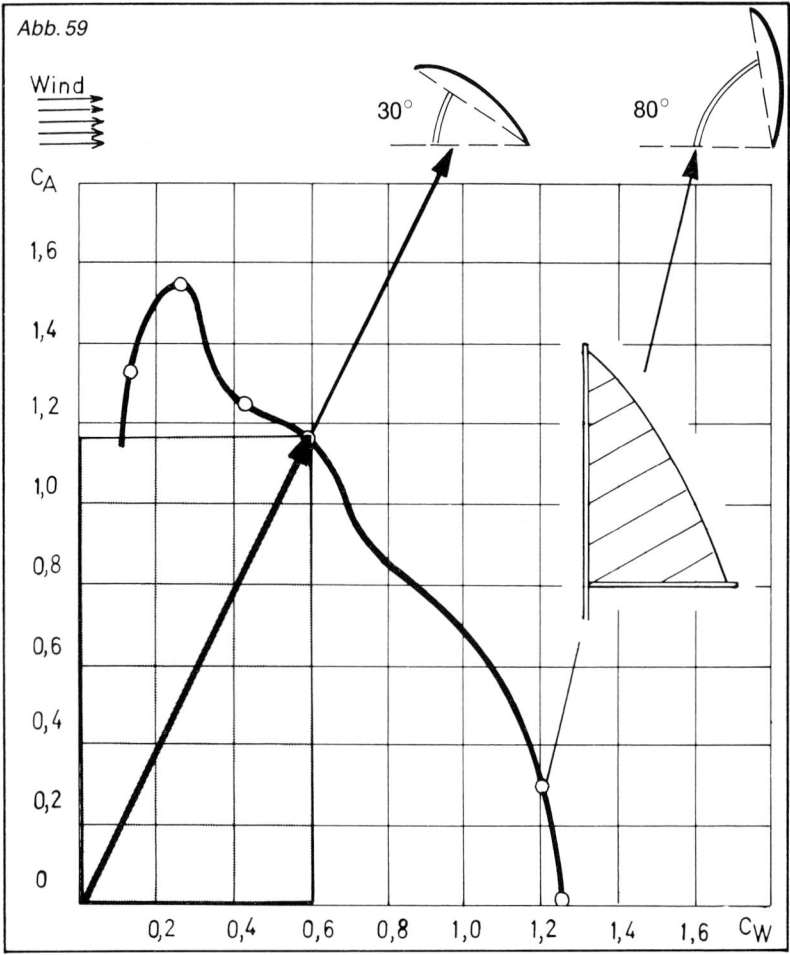

Abb. 59

eine ebene Platte (vgl. Abb. 41–43), und wir werden uns später nicht mehr wundern, daß unser Segel auf einem Vorwindkurs so wenig Kraft erzeugt, wenn wir uns an diese Polar-Position erinnern.

Abb. 60

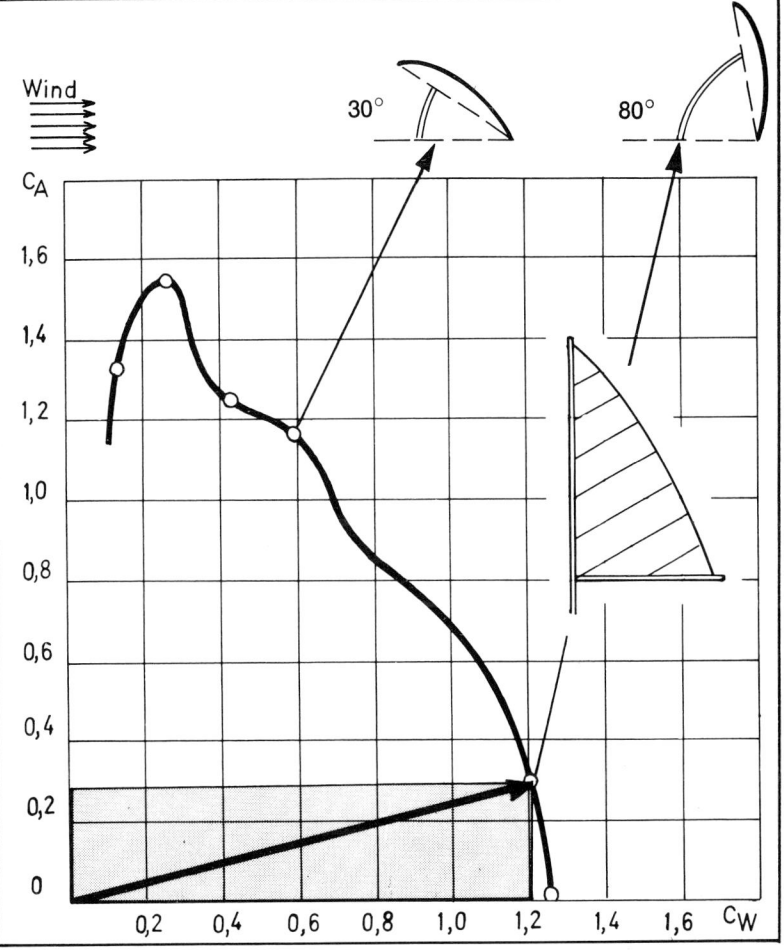

Das Fazit für den Praktiker: Das Segelprofil muß immer allseitig richtig umströmt sein, wenn ein Segel die beste Leistung erbringen soll, die es bei seiner gegebenen Form und bei der nutzbaren Windgeschwindigkeit erreichen kann. Da wir ohnehin in der Plicht nicht mit Winkelmesser arbeiten, sind alle Diagramme an Bord von akademischem Wert; dafür aber läßt sich (unabhängig von Beiwerten, Profilen und Gradzahlen) mit Hilfe der Fadensonden an Vor- und Großsegel exakt erkennen, wann ein Segel richtig zieht, d. h. auf den optimalen Anstellwinkel in allen Teilen richtig getrimmt ist.

Dieses ist, wie wir später noch deutlicher sehen werden, nicht auf allen Kursen möglich; denn oft müssen wir mit unserem Boot auch Kurse steuern, in denen das Segel nicht mit diesem optimalen Winkel von ca. 15° bis 20° auf den (relativen) Wind getrimmt werden kann, sondern von ihm notgedrungen mit einem größeren Winkel angeströmt werden muß. Aber auch hier gibt es einen Trick, um die optimalen Bedingungen einer laminaren Umströmung aufrechtzuerhalten, wenn der relative Wind das Segel in einem Winkel von z. B. 30° oder 40° anströmen muß: Wir beeinflussen die Luftströmung an der Leeseite durch ein Vorsegel.

Auf Jollen und auf Fahrtenyachten arbeitet man im allgemeinen nur mit *einem* Vorsegel, das – entsprechend der Windgeschwindigkeit – unterschiedliche Größe hat. Auf größeren Rennyachten sind insbesondere in jüngster Zeit eine Vielzahl von Zusatzgardinen entwickelt worden, die letztlich nur den Sinn haben, diese laminare Leeströmung entlang des Großsegels auch bei (notgedrungen) größeren Anstellwinkeln auf raumen Kursen aufrechtzuerhalten. Für sie gilt also sinngemäß das gleiche, was wir hier nur für die Fock festhalten wollen (und in meinem Buch „SEGELTECHNIK – LEICHT GEMACHT" ausführlicher für alle Vorsegel und alle Kurse erklärt ist).

Die Wirkungen eines Vorsegels auf das Großsegel

Natürlich stellt jedes Vorsegel zuerst – analog zum Prinzip des Segelprofils, das ich bisher erläuterte – eine eigene kleine Windkraftmaschine dar. Eine mögliche größere Wirkung wird zuerst durch seine Position erreicht

(Abb. 61): Es liegt vorlich vom Großsegel und arbeitet an seiner Luvseite mit Strömungsgeschwindigkeiten, die der Luftgeschwindigkeit an der Leeseite des Großsegels entsprechen und damit größer sind als die Geschwindigkeit der freien und ungehinderten atmosphärischen Strömung. Auch an einem Vorsegel wird die Luftströmung geteilt (Abb. 62 A). An der

Abb. 61

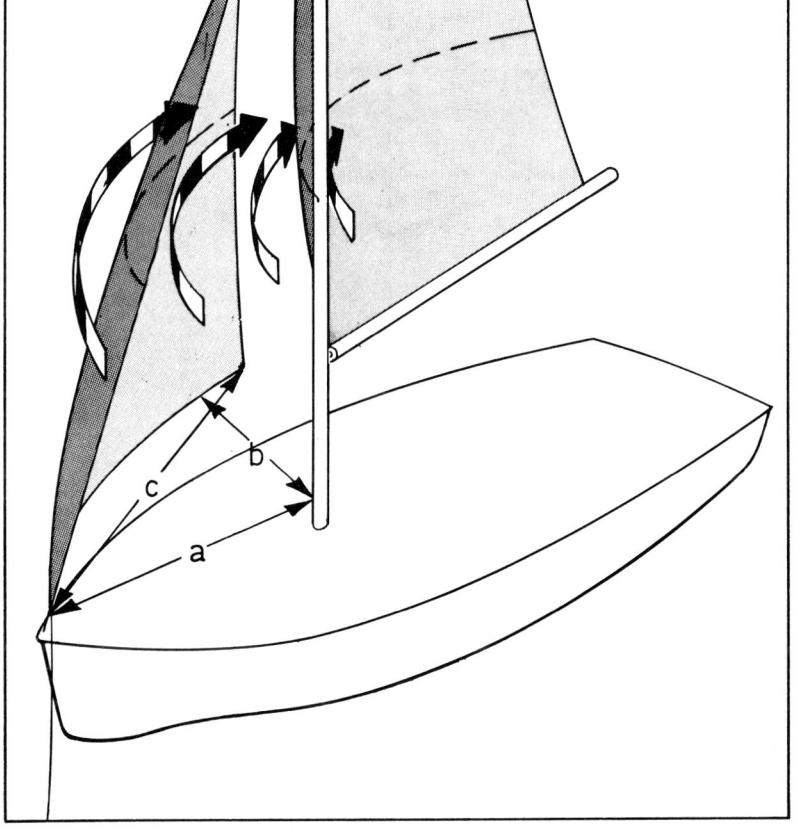

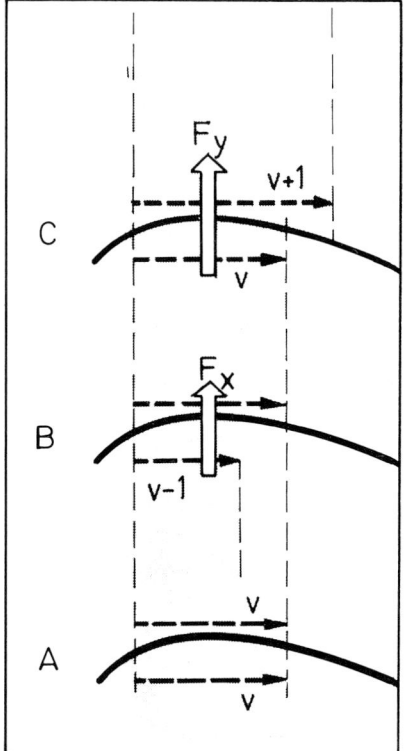

Abb. 62

Luvseite wird sie zusammengedrängt und somit in Luv ein größerer Druck erzeugt, als er auf der Leeseite besteht. Das Vorsegel arbeitet also, verglichen mit dem Großsegel, auf einer höheren Stufe. Sinngemäß auf die Abbildung 44 bezogen, herrscht am Großsegel ein geringerer Druck an der Leeseite und ein größerer Druck an der Luvseite, und das Segel kann bei einer bestimmten Windgeschwindigkeit v entlang der Leeseite und v−1 entlang der Luvseite die Kraft F_x erzeugen (Abb. 62 B).

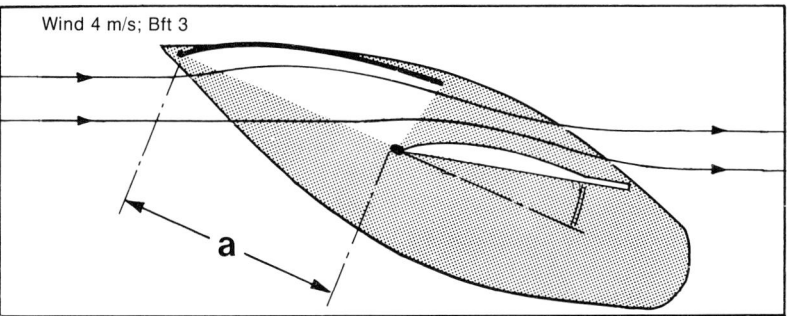

Wind 4 m/s; Bft 3

Abb. 63
Abb. 64

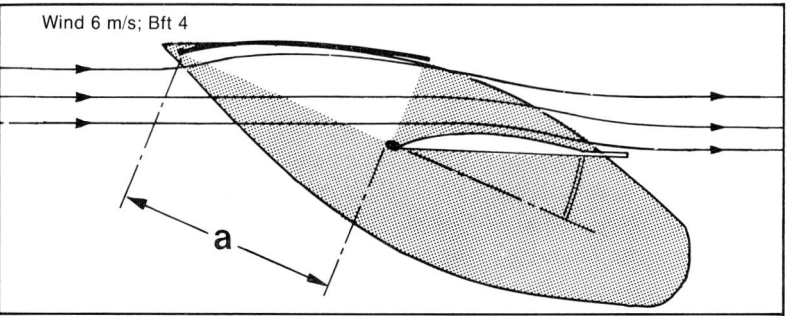

Wind 6 m/s; Bft 4

Abb. 65

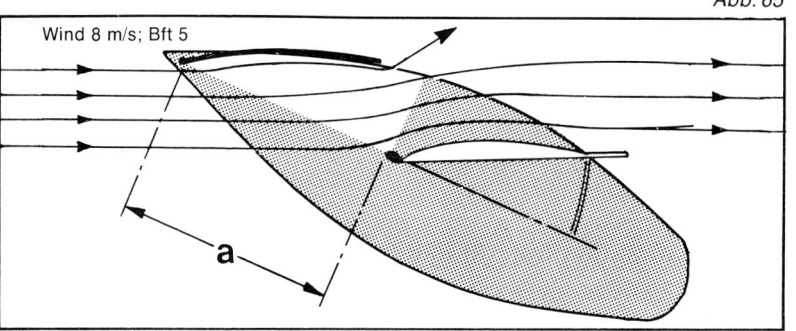

Wind 8 m/s; Bft 5

85

Die gleiche Druckdifferenz entsteht am Vorsegel, aber da deren Luftströmung in Luv bereits die Geschwindigkeit der Leeströmung des Großsegels v hat (Abb. 62 C), macht sich die Geschwindigkeitszunahme um den gleichen Wert 1 entsprechend der höheren Wertigkeit schnellerer Luftgeschwindigkeit durch einen deutlicheren Kraftanstieg bemerkbar (vgl. Abb. 4). So entsteht $F_Y > F_X$.

Dazu kommt noch, daß Vorsegel im allgemeinen nicht mit der störenden Windanschnittskante des Mastes arbeiten. Wenn man (insbesondere in jüngster Zeit) analog der Tatsache, die Großsegelströmung durch zusätzliche Stagsegel zwischen Spinnaker und Großsegel zu aktivieren, sinngemäß auf das andere Extrem verfällt, die Großsegel zugunsten der Vorsegelfläche zu verkleinern, dann könnte man sagen: Das Großsegel stellt nur ein nun einmal notwendiges Achtersegel dar, um dem Vorsegel (auf einer immer mehr vergrößerten Fläche) eine höhere Wertigkeit zu geben.

2. Die Wirkung eines Vorsegels besteht weiter darin, die Strömungsgeschwindigkeit zwischen Großsegel und Vorsegel durch ein (geringfügiges) Zusammendrängen der Luftströmung zu vergrößern. Dies kann ein bedingter Luftballoneffekt sein, über den wir auf Seite 58 sprachen. Es besteht jedoch eine bestimmte Beziehung zwischen Basislänge a des Vorsegeldreiecks, Bootsbreite b und Segelbreite c (siehe Abb. 61), auf die wir noch ausführlich eingehen werden.

Bei geringer Luftgeschwindigkeit kann der Abstand zwischen Großsegel und Vorsegel kleiner sein (Abb. 63) als bei viel Wind (Abb. 64), und das Großsegel zeigt meistens selbst an, ob die Fock für eine ungehinderte Luftströmung richtig geschotet ist oder selbst verkleinert werden muß (Abb. 65).

Durch diese größere Strömungsgeschwindigkeit in Lee des Großsegels und damit auch in Luv des Vorsegels werden die vorgenannten Bedingungen für eine höhere Wertigkeit der Vorsegelfläche noch weiter verbessert.

3. Wichtiger ist aber die Aufgabe, die ein in Form und Stellung richtig auf das Großsegel abgestimmte Vorsegel gegen eine Strömungsablösung an der Leeseite des Segels bei zu großem Anstellwinkel erfüllen kann (Abb. 66). Muß auf raumen Kursen das Großsegel so weit aufgefiert wer-

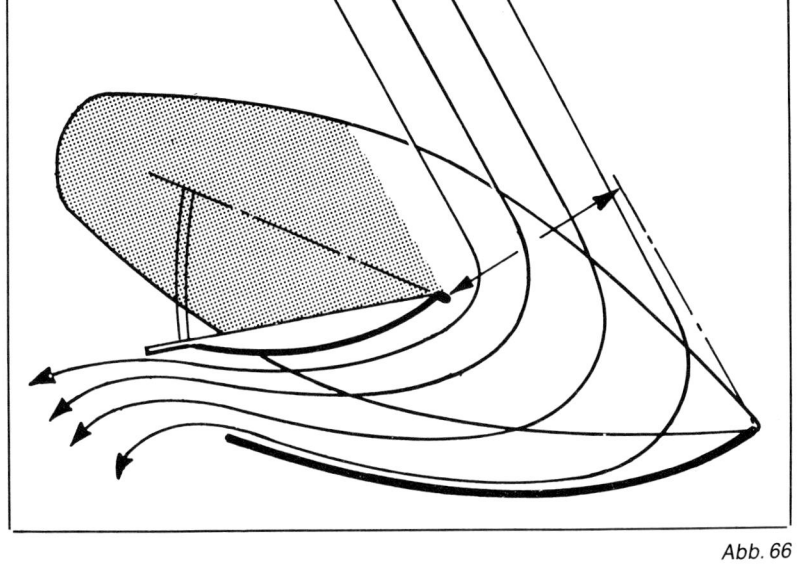

Abb. 66

den, daß der relative Wind nur in einem Winkel von 80° oder gar 90° wirken kann (s. Abb. 60), dann reduziert man die Wirkung des Segels durch die Vergrößerung der Wirbelzone beträchtlich (die genauen Werte sind aus Abb. 60 ersichtlich). Ein Vorsegel hingegen kann, wenn es richtig getrimmt ist und die richtige Form hat, die Ablösung von Wirbeln an der Leeseite des Großsegels weitgehend verhindern und somit auch bei einem Anstellwinkel von 80° noch annähernd die optimalen Bedingungen erhalten, die sonst bereits bei einem Einzelprofil ohne Vorsegeleinfluß bei 15° bis 20° verloren gehen würden. Dabei muß der Luftstrom natürlich so geschickt geleitet werden, daß er nicht von Lee in das Großsegel drückt (Abb. 67); diese Erscheinung kann aber auch schon auf Am-Wind-Kursen sichtbar sein und in falschen Vorsegelgrößen und Lieklängen,

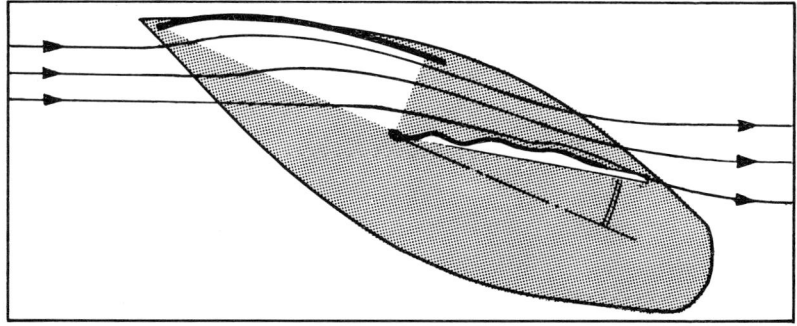

Abb. 67

falschen Wölbungen und falschen Lagepunkten der Scheitelpunkte einer Wölbung sowohl bei Großsegel wie bei Vorsegel liegen – aber hierzu ist im wesentlichen der Segelmacher zuständig, so daß wir auf eine detaillierte Erklärung verzichten können.

Der Einfluß der Wölbung auf die Kraft eines Segels

Natürlich kann ein Segel mehr Kraft erzeugen, je größer die Wölbung ist. Es muß dann nur die Nachteile in Kauf nehmen, daß ein bauchigeres Segel nicht so hoch am Wind geführt, d. h. mit so kleinen Anstellwinkeln getrimmt werden kann wie ein flaches Segel. Die Bäume können also auch hier nicht in den Himmel wachsen, und der erstrebenswerte Zustand liegt in einem Kompromiß.

Für raumere Kurse, in denen ohnehin der (relative) Wind in einem größeren Winkel von ca. 30° bis 50° auf das Segel trifft, sind bauchigere Segel natürlich vorteilhafter.

Früher hatte man es schwerer: Ob Rennsegler oder nicht, wer schnell und sicher segeln wollte, kam mit *einem* Großsegel nicht aus. Mindestens zwei mußten an Bord sein, ein flaches für hartes Wetter und ein bauchiges für leichten Wind. Wer es sich leisten konnte, hatte eine Vielzahl von unterschiedlichen Gardinen zwischen „flach" und „bauchig" in

88

der Segellast, und nur die Wettsegelbestimmungen oder Klassenvorschriften begrenzten den Segelkleiderschrank an Bord, um die Chancen für die Habenichtse, die (schon aus finanziellen Gründen) mit wenigen Satz Segeln auskommen mußten, nicht zu sehr zu beschneiden.

Natürlich paßte nicht jedes Vorsegel zu jedem Großsegel, und da es auch vor dem Mast unterschiedlich gewölbte, unterschiedlich große und aus verschiedenen Tuchgewichten gefertigte Segel gab, waren die Variationsmöglichkeiten oft unbegrenzt. Meistens ging es aber so wie beim Skiwachs: Man hatte sich mit der Windgeschwindigkeit und damit auch mit der Segelwahl verkalkuliert, und aller Aufwand half wenig.

Heute haben wir es leichter: Wir kommen (fast immer) mit einem Großsegel aus, weil sich seine Wölbung durch die unterschiedliche Spannung der Lieken und mit Hilfe sinnvoller Regler so trimmen läßt, daß ein

Abb. 68

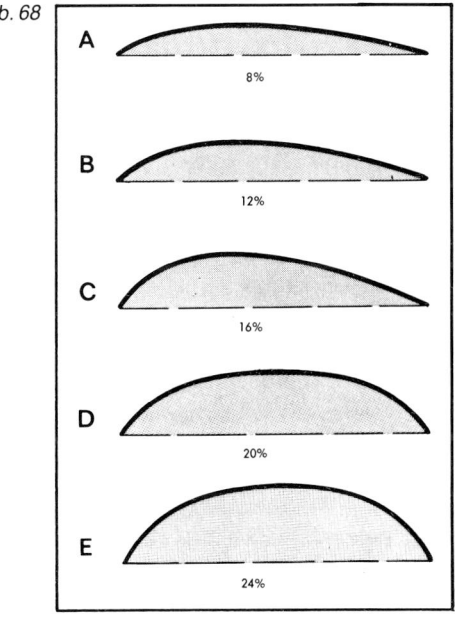

A
8%

B
12%

C
16%

D
20%

E
24%

einziges Segel allen wechselnden Bedingungen von leichtem Wind bis schwerem Wetter entsprechen kann. Auch der Übergang in der Segelwölbung vom Großsegel und den üblichen Vorsegeln zum Spinnaker für leichtes und hartes Wetter erfolgt heute ganz organisch: Spinnaker werden flacher geschnitten und flacher getrimmt, so daß man sie (zumindest, was die Wölbung ohne Berücksichtigung ihrer andersartigen Segelform betrifft) mit in diese Betrachtung einbeziehen kann.

Abbildung 68 zeigt die heute üblichen Wölbungsverhältnisse in Großsegel und Vorsegel (A–C) sowie im Spinnaker für schweres Wetter (D) und leichten Wind (E). Wie sich ihre Leistungen im Prinzip unterscheiden, ist aus dem Diagramm Abbildung 69 zu ersehen, in dem wir besonders die Leistungskurven für ein flaches Mittelwetter-Segel (fette Kurve, siehe Abb. 48) und ein bauchiges Leichtwettersegel (gestrichelte Kurve) unter die Lupe nehmen wollen. Bekanntlich interessiert uns nur die Gesamtkraft des Segels, die bei Messungen jedoch nur durch ihre beiden Komponenten Auftrieb und Widerstand ermittelt werden kann.

Ohne den Auftriebsbeiwert C_A und den Widerstandsbeiwert C_W läßt sich also der Beiwert für die Gesamtkraft C_T im Windkanalversuch nicht finden, aber wir müssen diese beiden Komponenten des Auftriebs- und des Widerstandsbeiwertes nicht unbedingt übernehmen, wenn wir die Gesamtkraft zeichnerisch auf unser Segelprofil übertragen wollen; es genügt auch, einfach die Windrichtung durch den Segeldruckpunkt zu verlängern, durch den diese Gesamtkraft wirkt, und hier ihre Richtung als Winkel einzutragen.

Im einzelnen zeigt uns Abbildung 68: Übliche Wölbungstiefen für Großsegel, Vorsegel und Spinnaker: A: Großsegel und Vorsegel für schweres Wetter; Wölbungstiefen 8%. – B: Großsegel und Vorsegel für mittleres Wetter mit Wölbungstiefen von 12%. – C: Großsegel und Fock für leichtes Wetter mit Wölbungstiefen von 16%. – D: Spinnaker für schweres Wetter mit Wölbungstiefen von 20%. – E: Spinnaker für leichtes Wetter mit Wölbungstiefen von 24%. – Der Scheitelpunkt der Wölbung kann unterschiedlich gewählt werden und ist abhängig davon, ob es sich um ein Einzelsegel (z. B. bei der Cat-Takelung), um ein Großsegel unter der Beeinflussung eines Vorsegels oder um ein Vorsegel zur Beeinflussung

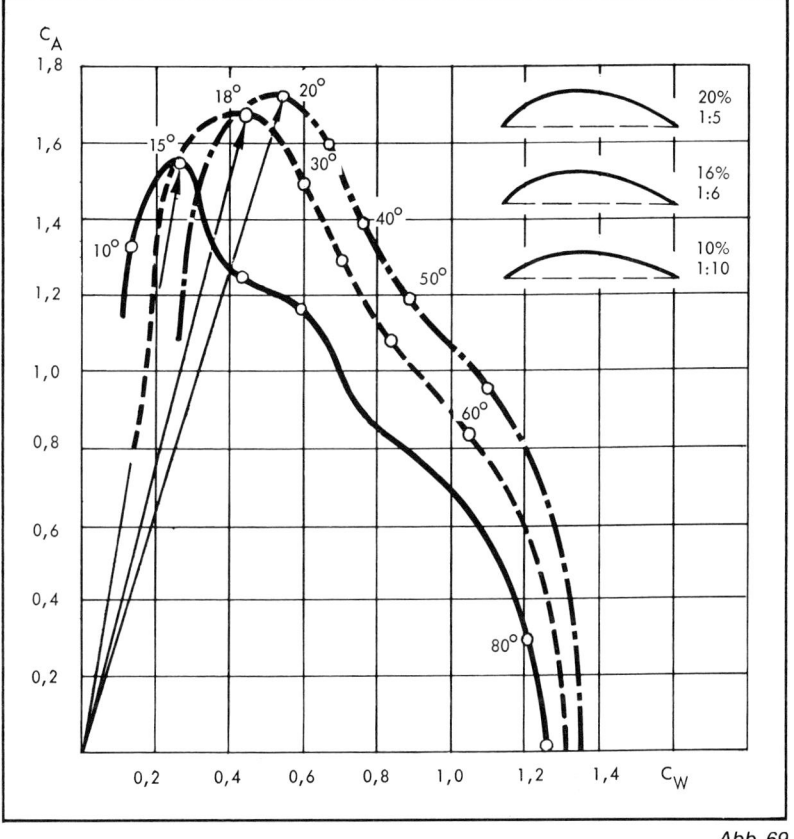

Abb. 69

des Großsegels handelt. Hier berät in jedem Falle der Segelmacher. Der Scheitelpunkt der Wölbung läßt sich durch die Regler (siehe Abb. 131) auch unterwegs verschieben.

Mit Hilfe der Abbildung 69 können wir folgende Werte aus den Leistungskurven für Segelprofile unterschiedlicher Wölbung entnehmen: Fette Kurve: Wölbungstiefe 10%, Wölbungsverhältnis 1:10. Das Profil erzeugt

91

seine größte Kraft mit einem Anstellwinkel von 15°. – Gestrichelte Kurve: Wölbungstiefe 16%, Wölbungsverhältnis 1:6. Das Profil erzeugt seine größte Leistung bei einem Anstellwinkel von 18°. – Strichpunkt-Kurve: Wölbung 20%, Wölbungsverhältnis 1:5. Das bauchige Profil erzeugt sein

Abb. 70 *Abb. 71*

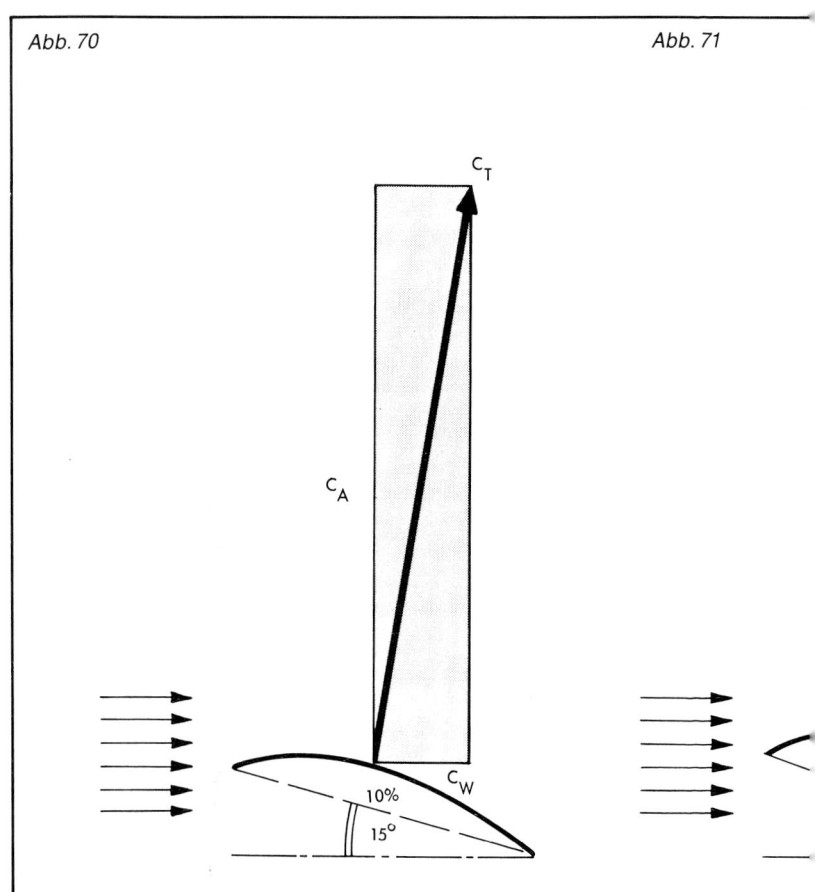

Maximum bei einem Anstellwinkel von 20°. – Die Werte können als Anhalt für flache bzw. Schwerwetter-Segel mit einem Wölbungsverhältnis von 10%, für bauchige oder Leichtwettersegel mit einem Wölbungsverhältnis von 16% und für Spinnaker mit einer Wölbungstiefe ab 20% gelten. (Siehe auch Abb. 68.)

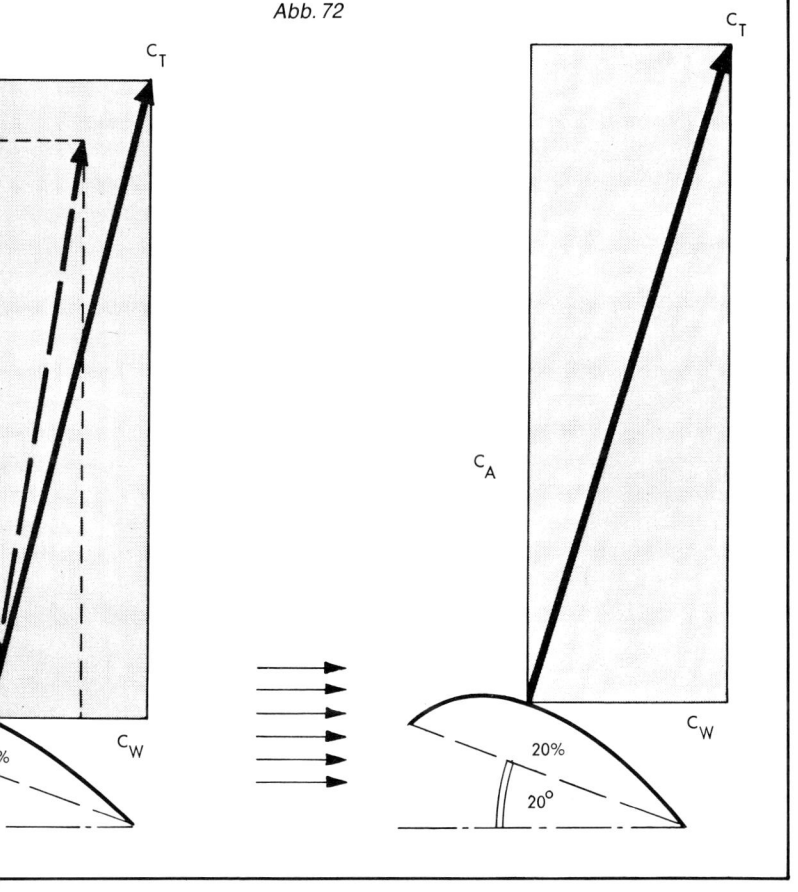

Abb. 72

93

In den Abbildungen 70–72 haben wir wiederum die Gesamtkraft der unterschiedlich gewölbten Segel bei ihren (nicht gleichen) optimalen Anstellwinkeln zur Luftströmung aus der Abbildung 69 herausgezogen und an die zugehörigen Profile gelegt. In der Praxis finden wir den optimalen Anstellwinkel wiederum durch Fadensonden am Vorliek, die analog zu Abbildung 53 beidseitig flach anliegen müssen, wenn das Kraftmaximum erzeugt wird. Wohlgemerkt: Wir arbeiten auch hier hinsichtlich der Größe und der Richtung der gesamten Segelkraft mit den „Beiwerten", die im Prinzip wohl eine richtige Aussage geben. Das Verhältnis der Kräfte eines flachen Profils zu einer größeren Segelwölbung wird jedoch in der Praxis (wie wir später noch sehen werden) unter den unterschiedlichen Windgeschwindigkeiten des Am-Wind-Kurses (auf dem wir ein flaches Segel fahren) und eines raumen Kurses (mit bauchigem Segel) etwas anders aussehen können.

Bei der zeichnerischen Darstellung haben wir auf die Benutzung der beiden Komponenten Auftriebsbeiwert (C_A) und Widerstandsbeiwert (C_W) nicht verzichtet, weil sich durch die gerasterten Flächen die Unterschiede in Richtung und Stärke der Gesamtkraft bei den optimalen Anstellwinkeln der verglichenen Profile deutlicher herausheben.

Das flache Segel mit einer Wölbungstiefe von 10 % erzeugt bei seinem optimalen Anstellwinkel von 15° einen Gesamtkraft-Beiwert von 1,54. Das gewölbtere Segel mit einer Wölbung von 16 % (Abb. 71) erhält sein Optimum erst bei einem größeren Anstellwinkel von 18°. Dafür arbeitet es mit einem höheren Kraftbeiwert von 1,73. Gestrichelt ist in der Rasterfläche die Richtung und die Kraft des flacheren Segels (s. Abb. 70) eingetragen, um die Unterschiede deutlicher zu machen: Das bauchige Segel erzeugt zwar mehr Kraft, aber sie ist auch ungünstiger weiter nach Lee gerichtet. Diese Tendenz verstärkt sich bei dem extrem bauchigen Segel in Abbildung 72: Es hat eine Wölbung von 20 %, erreicht sein Optimum bei einem Anstellwinkel von 20°, und man kann die Kraft des Segels mit einem Beiwert C_T von 1,82 berechnen. Jedes Profil mit größter Wölbung übertrifft den flacheren Konkurrenten um ca. 10 % größere Leistung, aber jedesmal ist die Richtung ungünstiger nach Lee verändert.

Fassen wir die Unterschiede zusammen: Ein flaches Profil erzeugt weniger Kraft, die jedoch mehr nach vorn wirkt. Es ist daher aus zwei Gründen für den Amwindkurs am besten geeignet: Hier hat der relative Wind eine größere Geschwindigkeit, und der Winkel zwischen der Kursrichtung des Bootes und der Kraftrichtung des Segels ist sehr groß, so daß unser

Abb. 73

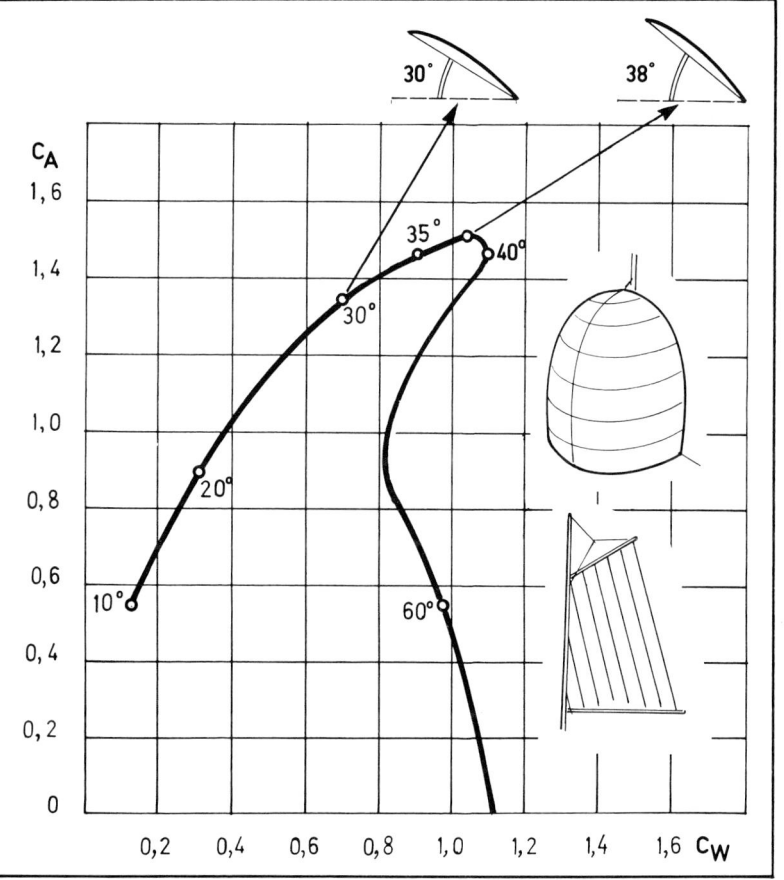

95

Segel viel Auftrieb und wenig Widerstand erzeugen muß, damit die Gesamtkraft so weit wie möglich nach Luv zeigt (s. Abb. 70).

Ein bauchiges Segel erzeugt demgegenüber mehr Kraft, doch wirkt sie mehr nach Lee. Bauchige Segel sind daher nur für einen raumen Kurs geeignet, auf dem der relative Wind eine geringere Geschwindigkeit hat und die Richtung der Kraft durch die aufgefierten Schoten günstiger in Kielrichtung zu verändern ist (s. Abb. 71).

Ein sehr bauchiges Segel (s. Abb. 72) kann noch mehr Windenergie erzeugen, aber die Richtung der erzeugten Kräfte ist noch weiter nach Lee geschwenkt. Extrem bauchige Segel sind also nur für raum-achterliche Kurse geeignet oder bei leichtem bis mittlerem Wetter zu benutzen, wo die Kraft des Segels überhaupt viel wichtiger ist als ihre Richtung.

Auch die Segelform hat Einfluß auf die Leistung

Der Spinnaker ist ein solches spezielles bauchiges Segel, das ausschließlich auf Kursen gefahren werden kann, bei denen der relative Wind nicht spitzer als mit ca. 30° auf das Segel trifft. Hier haben wir uns zwei interessante Eigenarten eines Profils nützlich gemacht:

Die bisher genannten Verhältnisse galten nur für ein hohes und schlankes Segelprofil mit einem Seitenverhältnis von 5:1 (s. Abb. 48). Nur bei so schmalen und schlanken gewölbten Flächen läßt sich die maximale Kraft bei kleinen Anströmwinkeln erzielen. Erhält das Segel weitgehend eine quadratische oder leicht rechteckige Form (mit einem Seitenverhältnis von annähernd 1:1), wie z. B. bei den (alten) Gaffelsegeln oder den (neuen) Spinnakern, dann erzeugt dieses Segel allein schon durch seine Form (bei vergleichbarem Wölbungsverhältnis wie in Abb. 72) seine größte Kraft erst bei einer Anströmung von ca. 35° bis 40° (Abb. 73).

Man kann also, ohne die Wirkung eines quadratischen bis rechteckigen Segels zu vermindern, seine Segelwölbung beträchtlich vergrößern, oder anders: Man kann einem Segel, das ohnehin eine beträchtliche Segelwölbung besitzt und nur (auch bei einer schlanken Segelform) sein Maximum bei einer Windanströmung von 30° erhält, unbeschadet eine recht-

eckige Form geben und damit mehr Segelfläche unterbringen, als es bei einer Dreiecksform möglich ist und ohne die durch die Segelwölbung gegebene Leistung zu vermindern.
Mit dieser Vergrößerung der Fläche und der Änderung der Segelform

Abb. 74

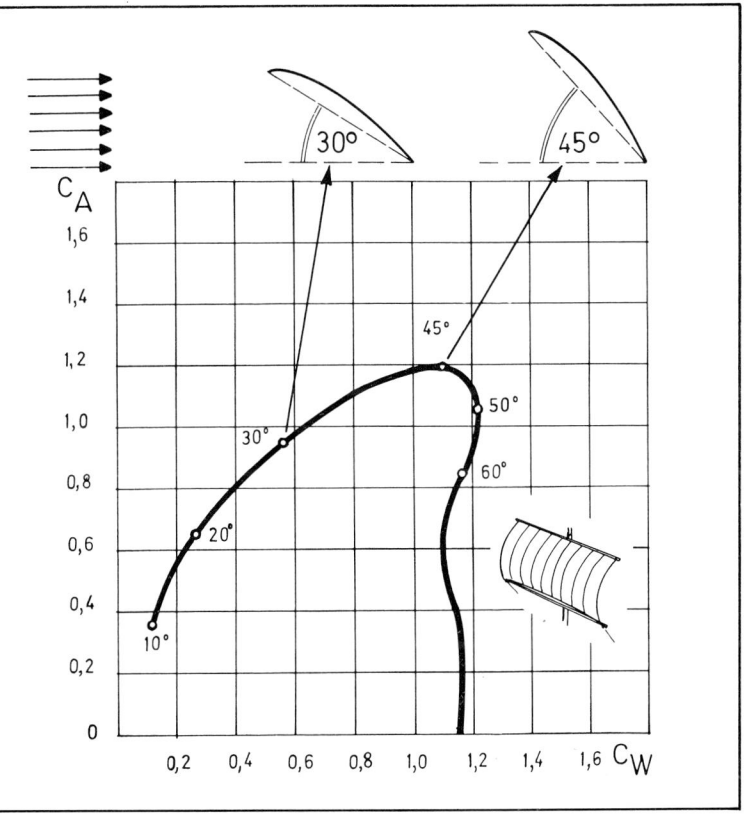

97

geht noch ein anderer, nicht zu unterschätzender Vorteil einher: Wir vergrößern die Segelfläche fast ausschließlich in den oberen, für uns viel nützlicheren Bereichen (s. Abb. 5), in denen die Luftgeschwindigkeit ohnehin größer und die Wertigkeit jedes Quadratzentimeters Segelfläche viel günstiger ist. Kein Wunder, daß man in den letzten Jahren insbesondere die Form des Spinnakers verbessert und durch einen geschickten Schnitt die Möglichkeit gegeben hat, dieses rechteckige gewölbte Segel auch hart raum, d. h. bis nahe am Amwindkurs, zu fahren. Denn auch, wenn diese – allein schon durch seine Form gegenüber einer Genua fast verdoppelte – Fläche mit ca. 30° noch *unter* seinem Optimum arbeitet, ist der Eigennutzen durch die größere Fläche doch beträchtlich – und hier ist die „Hilfestellung" des Großsegels für die Strömungsgeschwindigkeit erst recht nicht zu vergessen.

Flache Segel mit Spieren an der Oberkante

Der Vollständigkeit halber soll auch hier das Rahsegel mit einem anderen, extremen Seitenverhältnis von 1:3, d. h. einer gegenüber der Höhe verdreifachten Breite, erwähnt werden (Abb. 74). Es ist ein spezielles Raumschotssegel, das bei ebenfalls vergleichbarer Segelwölbung sein Maximum bei einem noch größeren Anstellwinkel von 45° zum (relativen) Wind erzielt. Da die Rahsegler nicht nur die größeren, sondern auch die älteren Brüder unserer Jollen und Yachten sind, wollen wir ihren Windmotor aus zwei Gründen später unter die Lupe nehmen:
Sie zeigen uns deutlich, wie sehr sich eine moderne Yachttakelage von einem alten Windjammer unterscheidet und wie Forschung, technische Entwicklung und Anwendungstechnik heute Yachten geschaffen haben, die den alten Rahseglern weit überlegen sind.
Über die unzähligen Wechselbeziehungen zwischen den vielen nützlichen und schädlichen Segelkräften habe ich hier notgedrungen nichts sagen können; ich verweise auf mein Buch „Schnell segeln – schneller als die anderen", eine ausführlichere Einführung in die Segeltechnik.

98

Steckbrief eines Phänomens:
Der Segelwind an Bord

Wir haben bisher nur vom „atmosphärischen" Wind gesprochen, als wir uns über die Luftbewegungen bei großräumigen oder örtlich begrenzten Wetterlagen unterhielten. Die Luftströmung an unserem Segel, ohne die wir die verschiedenen Profile und ihre Anstellwinkel nicht mit ihrer unterschiedlichen Wirkung unterscheiden konnten, haben wir (so oft es möglich war) neutral nur „Wind" genannt. Natürlich handelt es sich hierbei um den nun vertrauten „Rasmus W.", den „Segelwind" an Bord, den wir unterwegs – auf unserem fahrenden Boot – zum Antrieb unseres modernen Windmotors ausnutzen. Auch er ist unsichtbar – aber wenn man das Portrait des atmosphärischen Windes durch dessen sichtbare Wirkungen mit doch recht sicheren Strichen zeichnen konnte, müssen wir dem so wichtigen und entscheidenden Segelwind an Bord mit schon fast kriminalistischem Geschick nachspüren, um ihm nicht nur auf die Schliche zu kommen, sondern auch das Gesetz seines Handelns zu erkennen: Rasmus W. hat viele Gesichter.

Der Segelwind an Bord ist ein „relativer" Wind, der sich in unzähligen Variationen aus dem atmosphärischen Wind und dem Fahrtwind bildet. Bei uns wird Rasmus W. gemeinhin noch als „scheinbarer" Wind bezeichnet; aber da der Wind ohnehin nicht gesehen und angefaßt werden kann, hat dieses Attribut „scheinbar" sein tatsächliches Gesicht noch mehr umnebelt. So wurde er meist als imaginär und nichtexistent abgetan, auch in Bereiche angeblicher höherer Mathematik emporgehoben und mit so viel Unverstand bedacht, daß die Crew an Schot und Pinne nur eine sehr undeutliche Vorstellung von seinem Wirken hat. Eine Scheinkraft kann keine Arbeit leisten. Der „scheinbare Wind" ist aber keine Scheinkraft. Er allein leistet die Arbeit an unserem Segel.

Wir wollen daher das irreführende Wort „scheinbar" so oft es geht durch die Kennzeichnung „relativer Wind" ersetzen, wie wir bereits in Kapitel I anstelle des in Deutschland fast ausschließlich gebrauchten „wahren" Windes den Begriff des „atmosphärischen" Windes vorzogen – denn der eine ist so „wahr" wie der andere, aber für uns ist der (wahre) atmosphärische Wind nur von akademischem Interesse – unser Partner ist der wirksame „relative Wind".

Die Erscheinung des „relativen Windes" kennen wir bei allen Bewegungen in der (nie ganz windstillen) Natur: Beim Spaziergang ist der Unterschied nur gering, ob wir nun gegen den Wind ankämpfen müssen oder mit Wind im Rücken wieder auf Gegenkurs wandern. Auch im Kraftwagen spüren wir die Kraft und Richtung des relativen Windes, insbesondere beim Gegenhalten des Steuers gegen einen seitlichen Wind. Voll bewußt wird uns der relative Wind aber nur, wenn wir frei auf dem Sattel eines Fahrrades oder in der Plicht unseres Bootes sitzen und nicht hinter Blech und Glas verpackt sind – wie im Auto.

Das Besondere ist nur, daß wir beim Segeln aus dieser Erscheinung des relativen Windes Kapital schlagen können: Bei gleicher Geschwindigkeit des atmosphärischen Windes wird unserem Segel auf verschiedenen Kursen eine größere oder eine geringere relative Windgeschwindigkeit und damit unterschiedliche Windenergie angeboten.

Die Natur sorgt dabei auch wieder für einen gerechten Ausgleich. Sie nimmt uns das Windgeschenk auf Raumschotskursen wieder, das sie uns bei unserer Fahrt in Windrichtung so großzügig gegeben hat – aber wir fahren trotzdem gut dabei: Denn dort, wo wir die Windenergie (beim Aufkreuzen) gut gebrauchen können, wird sie uns als zusätzliches Geschenk beschert (s. Abb. 86), und wo wir (auf unseren Kursen nach Lee) auf einen Teil der Windkraft gut verzichten können, nimmt sie ganz von selbst wieder ab. So kommt es, daß wir auf allen Kursen zum Wind annähernd gleich schnell segeln können – trotz all der Unterschiede in

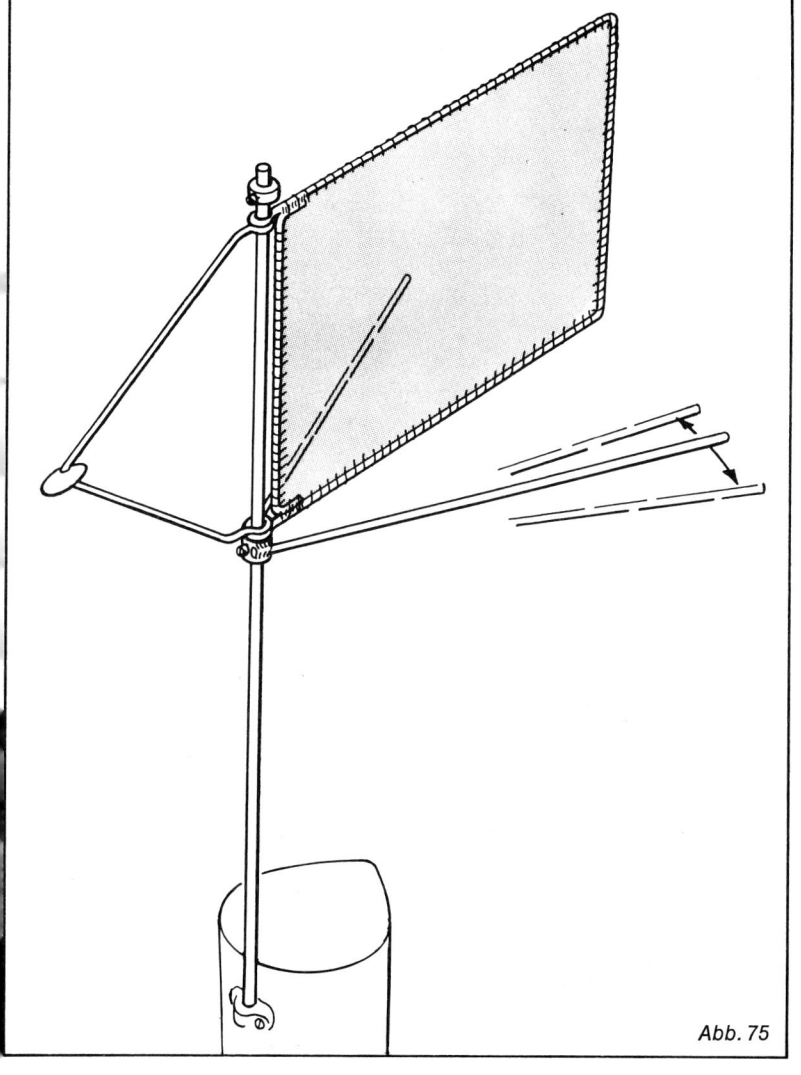

Abb. 75

Richtung und Stärke des relativen Windes, des Anstellwinkels unserer Segel und der Schotführung. Aber gehen wir der Reihe nach:

Schein und Wirklichkeit

Bisher ist in Lehrbüchern, die den Umgang mit Segeln und die Manöver mit Jollen und Yachten erläutern, leider überall nur die Richtung und die Stärke des atmosphärischen Windes angegeben, die an Land herrschen. Das ist natürlich eine wichtige Information für den Segler, der sein Boot im Hafen zu Wasser bringt und am Steg auftakelt. Sie ist aber gefährlich irreführend, sobald die Besatzung die Leinen losgeworfen hat und nun auf dem Revier zu segeln beginnt – auf dem gleichen Revier, für das (nach Ansichten unserer bisherigen Lehrbücher) derselbe Wind in Richtung und Stärke auf ein Boot wirkt, der an Land herrscht.

Niemand hat bisher gezeigt, wie sich Rasmus W., unser Segelwind an Bord, nach dem Ablegen verhält. Jedermann müßte annehmen, daß er auch unterwegs, auf dem Wasser, in Richtung und Stärke mit jenem Wind übereinstimmt, den unsere bisherigen Segel-Lehrbücher so leichthin auch neben einem segelnden Boot einzeichnen, weil er nun einmal an Land herrscht. Wer diese Erkenntnis übernimmt, begeht den ersten groben Fehler, der für viele Segler gefährlich und fahrlässig, für manche (leider) sogar tödlich werden kann.

Rasmus W. fährt mit. Er steigt erst ein, wenn wir die Vorleine klariert haben und die Schoten dichtholen, und er begleitet uns, bis wir zum Steg zurückkehren oder vor Anker gehen. Er allein zeigt sich uns, wenn wir zum Verklicker (Abb. 75) blicken, zum Stander auf dem Masttopp oder zu Wollbändseln in den Wanten. Jollensegler müssen sein Gesicht hier nur mit ständiger Beobachtung im Auge behalten. Auf größeren Kieljachten zeichnen Rennsegler seine wechselnde Miene mit:

Teure Geräte mit noch viel feineren Meßgeräten auf dem Masttopp (Abb. 76) registrieren seine unterschiedliche Stärke und den ständig wechselnden Winkel, in dem er auf das Boot und auf sein Segel bläst, und übertragen sie auf feine Armaturen in der Pflicht, die der Rudergän-

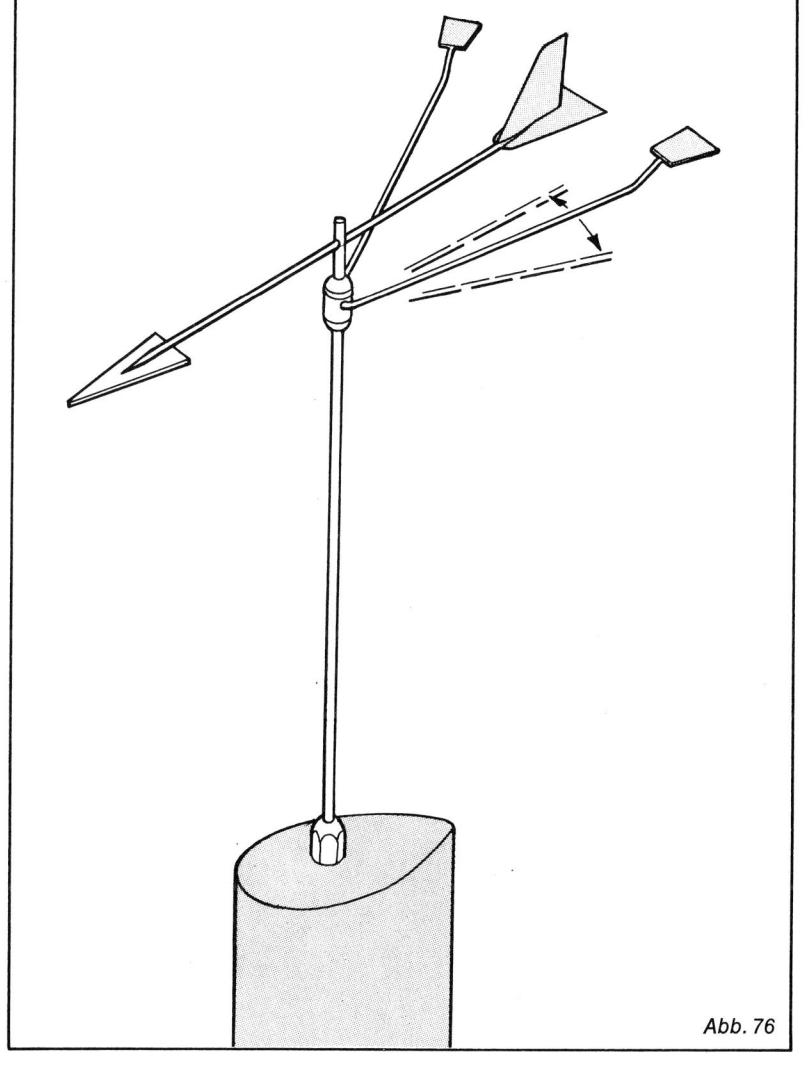

Abb. 76

103

ger ständig in seinem Blickfeld hat. Bei ihnen heißt er auch nicht „Rasmus Wind", wie bei den Fahrtenschippern, die zum Spaß segeln, sondern „relativer Wind". Und das ist gut so – denn wir müssen damit keinen neuen Begriff einführen, sondern nur etwas publizistische Hilfestellung für eine ohnehin in der internationalen Segel-Terminologie gebräuchliche Bezeichnung geben (die aber die deutsche Segel-Terminologie nur wenig kennt).

Sicher werden täglich manche Fehlentscheidungen an Bord getroffen, weil man einfach nicht genug über die Gesetzmäßigkeit des Segelwindes an Bord gehört oder nachgedacht hat. Denn welcher Praktiker an Schot und Pinne verschwendet schon seine Zeit, sich über „Scheinbares" Gedanken zu machen, was aber in Wirklichkeit gar nicht vorhanden ist, wenn er vom „scheinbaren Wind" hört – wo es an Bord und in Wind und Wetter neben der praktischen Handarbeit doch genug zu beachten und zu überlegen gibt. Erst recht wird das Weggucken jedem jungen Segler leichtgemacht, wenn man ihn mit dessen Widersacher, dem „wahren" Wind, konfrontiert. Auf den, so glaubt er ehrlich, kommt es an. Wie irrt er sich!

Der „wahre" Wind, der bei uns zum „atmosphärischen" Wind avancierte, ist die Luftströmung über Land und Meer, die das Grundprodukt für unseren Segelwind an Bord liefert. Aber auch der atmosphärische Wind ist von vielen Faktoren abhängig und zahllosen örtlichen Schwankungen in Richtung und Stärke unterworfen, die wir in Kapitel I (wenigstens zum Teil) aufzeichneten.

Die Kraft an unserem Segel erzeugen wir durch Rasmus W., in der Segeltheorie offiziell als „relativer" Wind zu benennen. Sein freundliches Wirken ist vom atmosphärischen Wind und vom Fahrtwind abhängig – einer anderen Kraft, die auch das Produkt seines Wirkens ist.

Banal, aber sicher einprägsam: Wenn der relative Wind der Vater und das Boot mit seinen Segeln die Mutter ist, kann man den Fahrtwind als beider Kind ansehen: Er wächst oder verkümmert gemäß den unterschiedlichen Qualitäten beider Elternteile. Bei einem stürmischen Vater und einer behäbigen Mutter bleibt er klein; mit einer leichtfüßigen Partnerin wächst er zur stattlichen Größe, und das begeisternde Temperament des Kindes ist wiederum Anlaß für den Vater, seine Leistungen noch zu steigern, so daß in einem scheinbar unbegrenzten „perpetuum nautile" der Stärkere ständig mit eigener Kraft seine Leistungen vergrößern und der Schwächere sich durch eigene Behäbigkeit ständig im wahrsten Sinne des Wortes „den Wind aus den Segeln" nimmt.

Das geometrische Gesicht des relativen Windes

Die ganze Geheimniskrämerei um unseren Segelwind an Bord läßt sich mit den simplen Geometriekenntnissen eines Quartaners vom Tisch fegen: In der Praxis würden wir auf einem begrenzten Revier die Richtung des atmosphärischen Windes, die uns Flaggen, Rauchfahnen oder andere Sichtzeichen an einer Luvküste und auf einem Leeufer angeben, in eine Karte eintragen und dann unsere unterschiedlichen Kurse zu dieser Hauptwindrichtung steuern, auf denen dann die Geschwindigkeit unserer Jolle oder unserer Yacht geschätzt und gemessen wird.

Das ist eine interessante Aufgabe, bei der man sogar an Ort und Stelle die folgenden Parallelogramme der Geschwindigkeiten zeichnen kann. (Wir müssen die Werte für die Bootsgeschwindigkeit und damit die Größe der Fahrtwind-Komponente dem Diagramm 85 entnehmen, auf das wir noch ausführlicher eingehen werden. Eine solche Zeichnung könnten wir auch nach einem praktischen Test anfertigen.)

So entsteht mit Hilfe des Kurswinkels zum atmosphärischen Wind (den wir nach Landmarken vorher aus der Karte ermittelt haben) und der Geschwindigkeit des atmosphärischen Windes, der ebenfalls an Land gemessen wurde, sowie dem in gleicher Stärke, aber unterschiedlicher Richtung zur Bootsbewegung wirkenden Fahrtwinde das uns sowohl in Richtung wie Stärke bekannte Komponentenpaar, das wir zeichnerisch darstellen (Abb. 77–84). Hierbei stellt der offene weiße Pfeil Richtung und Stärke des atmosphärischen Windes, der schwarz-weiße Pfeil Richtung und Stärke des Fahrtwindes und der schwarze Pfeil Richtung und Stärke des relativen Windes dar; alle Geschwindigkeitsangaben in Knoten. (Die Boote sind in ein Wellenbild eingelegt, wie es sich der Besatzung bietet;

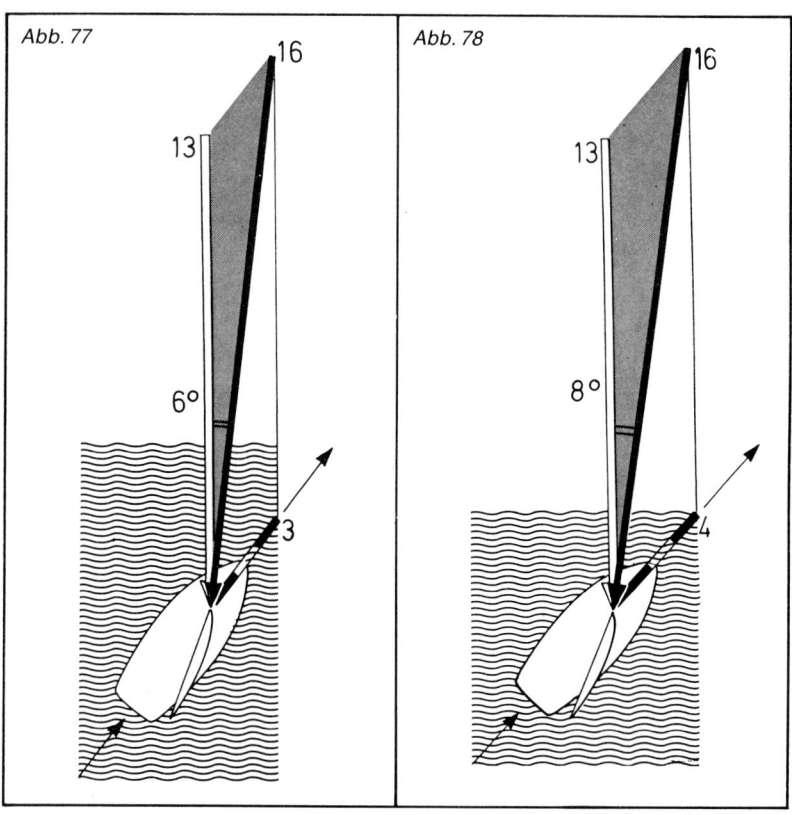

denn sie erkennt ja die Richtung des atmosphärischen Windes nur indirekt über die Wasserwellen, die Richtung des relativen Windes aber direkt durch den Verklicker.) Die Resultierende dieses Parallelogramms der Geschwindigkeiten (der schwarze Pfeil) ist die Richtung und Stärke des (relativen) Segelwindes an Bord, den die mannigfaltigen Windrichtungssucher (siehe Abb. 75–76) anzeigen. Mit ihrer Hilfe trimmen wir das Segel bekanntlich auf seinen optimalen Anstellwinkel. Wie die Segelkraft in Vorschub für das Boot umgesetzt und verwertet wird, zeigt später

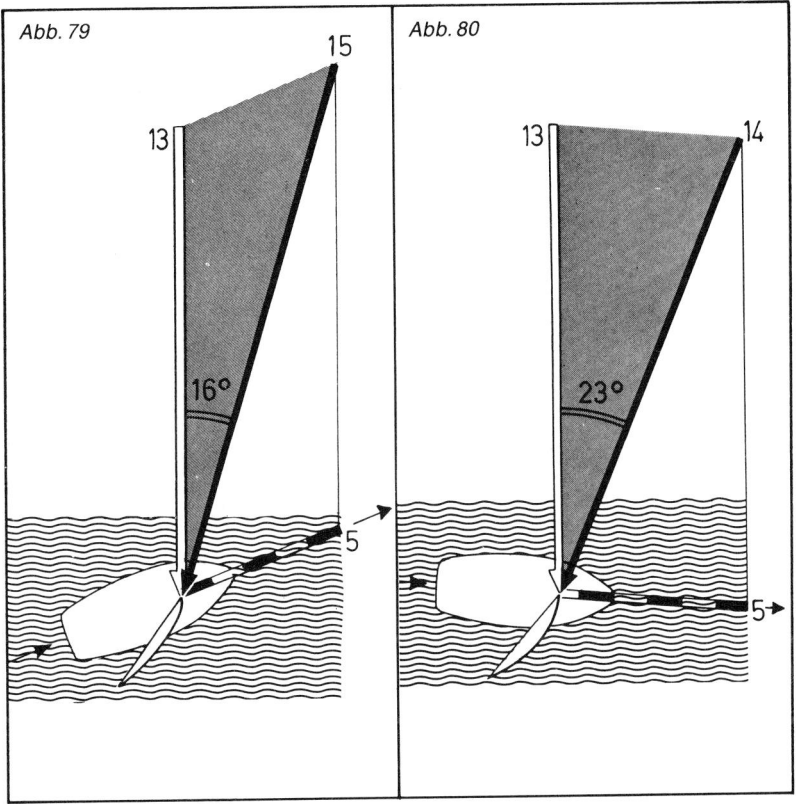

Abbildung 85. Hier soll uns zuerst und ausschließlich das Verhalten des relativen Windes interessieren.

Die Abbildungen 77–84 zeigen, wie Rasmus W. sein Gesicht unter den gleichen atmosphärischen Wetterbedingungen des Tages auf dem gleichen Revier verändert, nur wenn wir die Kurse wechseln und etwas mehr anluven oder abfallen:

Abbildung 77: Wir segeln sehr hoch (zu hoch) am Wind: Der atmosphärische Wind (W$_a$) hat eine Geschwindigkeit von 13 kn, der Fahrtwind (W$_F$)

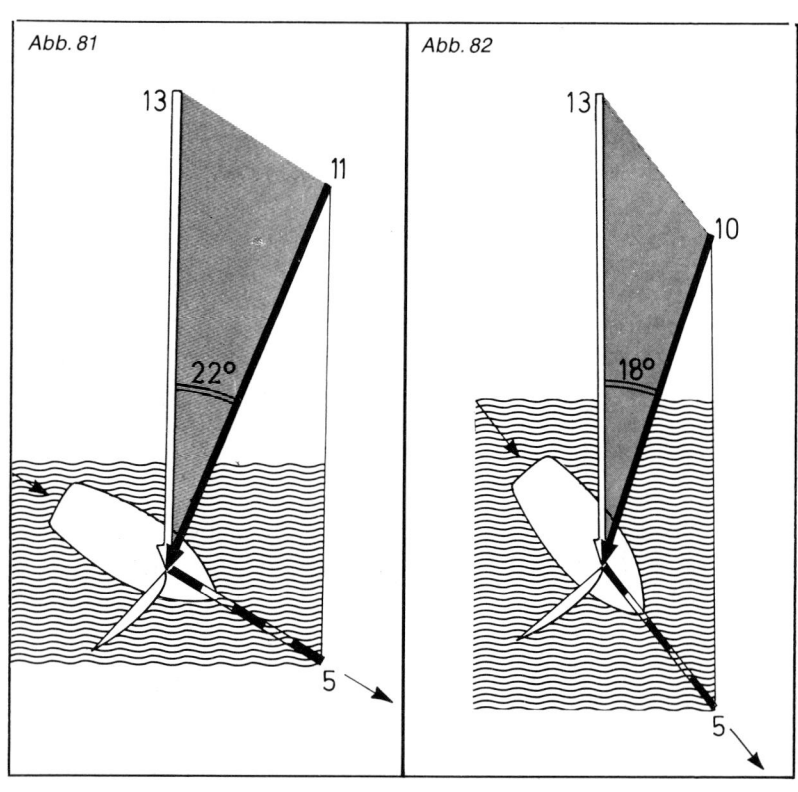

Abb. 81

Abb. 82

von 3 kn, so daß wir einen relativen Wind (W_r) von 15,5 kn (in der Zeichnung auf 16 kn aufgerundet) erhalten.

Abbildung 78: Optimale Höhe auf einem Amwindkurs (Wir verbinden also Höhe und Geschwindigkeit, um ein Ziel in Luv auf dem schnellsten Wege zu erreichen): W_a 13 kn, W_F 3,5 kn; W_r 15,7 kn (ca. 16 kn).

Abbildung 79: Hart-raum (Dieser Begriff ist ungewohnt, aber er ist international; denn es ist nach den Definitionen der Wettsegelbestimmungen kein „Amwindkurs" mehr, bei dem die Yacht „vorteilhaft aufkreuzt", und sie segelt auch nach altdeutscher Definition noch längst nicht „mit hal-

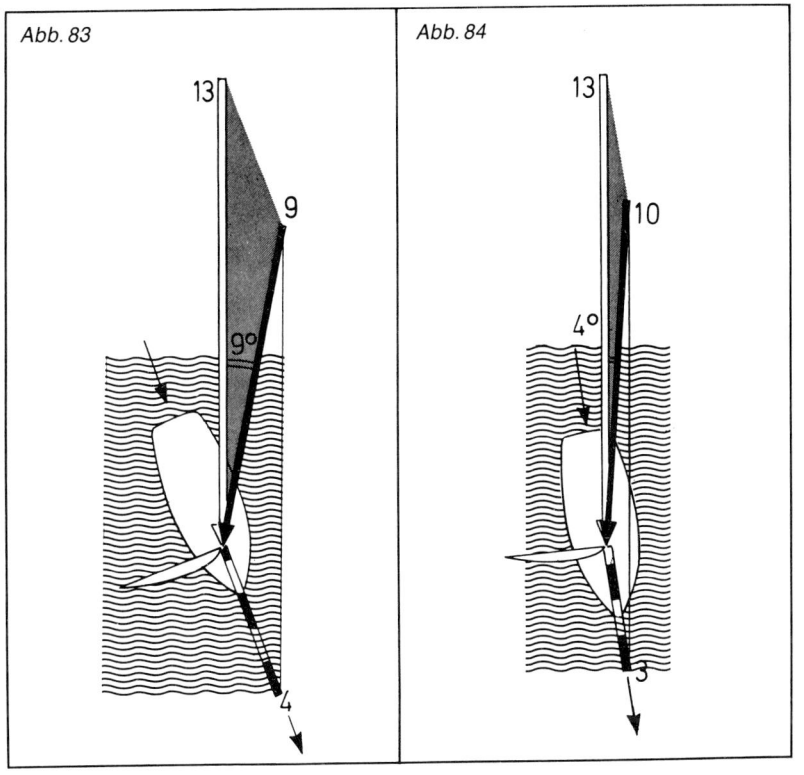

Abb. 83   *Abb. 84*

bem Wind"): W_a unverändert 13 kn, W_F auf 4,9 kn angewachsen (auf 5 kn aufgerundet), W_r 15,4 kn (auf 15 kn abgerundet).

Abbildung 80: Hart-raum bis raumschots (auch dieser Kurs ist bei modernen Booten – noch – nicht halber Wind; denn der Wind fällt noch vorlicher als querab ein. Aber es ist bereits ein nach Lee gerichteter Kurs. Da die See jedoch vom atmosphärischen Wind gebildet wird, können wir klar erkennen, daß wir jetzt parallel zu den Wellen und damit senkrecht zur Richtung des atmosphärischen Windes laufen – mit anderen Worten: „Halb" gegen und „halb" mit dem Wind. Wenn wir die Bezeichnung

„halber Wind" beibehalten, dann müßte sie für diesen Kurs gelten, d. h. nicht auf den „relativen" Wind, sondern auf den „atmosphärischen" Wind bezogen bleiben, wie es auch in der Segelschiffahrt üblich war. Die alten Janmaaten kannten übrigens diese [akademische] Trennung der beiden Begriffe nicht). W_a unverändert 13 kn, W_f 5,4 kn (abgerundet auf 5 kn), W_r vermindert auf 13,8 kn (ca. 14 kn).

Abbildung 81: Raumschots (auf den relativen Wind bezogen könnte man jetzt vielleicht von „halbem Wind" sprechen; ich halte diese Bezeichnung hier für nicht glücklich, weil nicht alle Boote, die bei dem gleichen atmosphärischen Wind denselben Kurs steuern, den „relativen Wind" aus der gleichen Richtung erhalten und daher – je nach ihrer Eigengeschwindigkeit – entweder nicht mehr oder noch nicht mit „halbem Wind" segeln). W_a unverändert 13 kn, W_F vermindert auf 5 kn, W_r vermindert auf 11,4 kn (abgerundet auf 11 kn).

Abbildung 82: Raum-achterlich (eine wohl unstrittige Bezeichnung): W_a 13 kn, W_F 4,9 kn (aufgerundet auf 5 kn), W_r 9,7 kn (ca. 10 kn).

Abbildung 83: Vor dem Wind (auch diese Position läßt sich sicher bereits so bezeichnen, da es die extreme Schotführung – siehe Abb. 84 – in der Praxis ohnehin nur selten gibt – oder nicht geben sollte, wie wir noch sehen werden –): W_a 13 kn, W_f 4,5 kn (ca. 4 kn), W_r 9 kn.

Abbildung 84: (Platt) vor dem Wind: W_a 13 kn, W_f 3,5 kn (abgerundet auf 3 kn), W_r 9,5 kn (abgerundet auf 9 kn).

Was sehen wir?

1. Die Geschwindigkeit des relativen Windes ist auf allen Kursen gegen den Wind (Abb. 77–79) beträchtlich größer als die (an Land ermittelte oder durch den Wetterbericht bekannte) Geschwindigkeit des atmosphärischen Windes. Sie liegt sogar noch auf etwas nach Lee gerichteten Kursen (Abb. 80) deutlich über der atmosphärischen Windgeschwindigkeit. Wir haben also hier das Gefühl von mehr Wind als an Land.

2. Auf allen Kursen nach Lee nimmt die Geschwindigkeit des relativen Windes an Bord zunehmend deutlich ab (Abb. 81–84). Wir glauben daher, uns auf einigen Kursen in annähernder Flaute und somit in trügerischer Sicherheit wiegen zu können.

3. Dieses unterschiedliche Windgefühl kann gute und schlechte Ein-flüsse auf mögliche richtige und falsche seemännische Entscheidungen haben: Kennen wir diese Gesetzmäßigkeit nicht, dann werden Anfänger unsicher und kentern gar, weil es an Bord in den Abbildungen 77–80 (in Abb. 85 die Positionen A–D) so viel härter weht, als sie beim Auftakeln ihres Bootes am Steg annehmen konnten: Je nach Bootsgeschwindigkeit und damit abhängig von der Fahrtwind-Komponente (in unseren Beispie-len siehe Abb. 85) 20% bis 30% mehr.

Andererseits wiegen sie sich in einer trügerischen Sicherheit, wenn sie zuerst raumschots ablaufen und dabei mehr Segel setzen, weil es „auf dem Wasser offenbar nicht so windig ist wie an Land". Da die Eigenge-schwindigkeit auf diesen Kursen bis zu 40% der atmosphärischen Wind-geschwindigkeit schlucken kann (Abb. 84), fallen sie bei der unvermeidli-chen Kursänderung auf einen Amwindkurs zum Heimweg meistens nicht nur aus allen Wolken, sondern auch ins Wasser: Denn der plötzliche Wechsel der Windgeschwindigkeit von 8 kn vor dem Wind (Abb. 84) auf 16,5 kn am Wind (Abb. 78) bedeutet ja nicht nur, daß sich die Windge-schwindigkeit verdoppelt hat – die Windkraft hat sich durch simples Anluven vervierfacht (vgl. Abb. 3 und 4).

4. Die Abbildungen 83 und 84 (in Abb. 85 die Positionen F und G) stellen also den „Sicherheitskurs" eines Bootes dar, auf den es bei Auffrischen des atmosphärischen Windes (z. B. beim Durchzug einer Bö) und bei ausreichender Distanz nach Lee geht. Eigenartigerweise liegt die größere Sicherheit auf diesem Kurs beim schnelleren Boot (vgl. Positionen G und H in Abb. 86): Hasenfüße, die alle Segel bergen oder zuviel reffen, spüren die brutale Faust des „Wetterwindes" stärker als schlaue Füchse, die wissen, daß man mit jedem Knoten größerer Bootsgeschwindigkeit dem Wetterwind mit List einen Teil seiner Kraft nehmen kann, mit der er unseren Segelwind an Bord füttert. (Natürlich ist unsere Bootsgeschwin-digkeit durch die See begrenzt, und niemals darf sie die maximale Rumpffahrt auch nur annähernd erreichen.)

5. Der Grund für manchen Trugschluß in der Segeltechnik ist: Die Rich-tung des relativen Windes an Bord weicht bei Kursen weit nach Luv (Abb. 77 und 78) oder nach Lee (Abb. 83 und 84) deutlich, auf allen

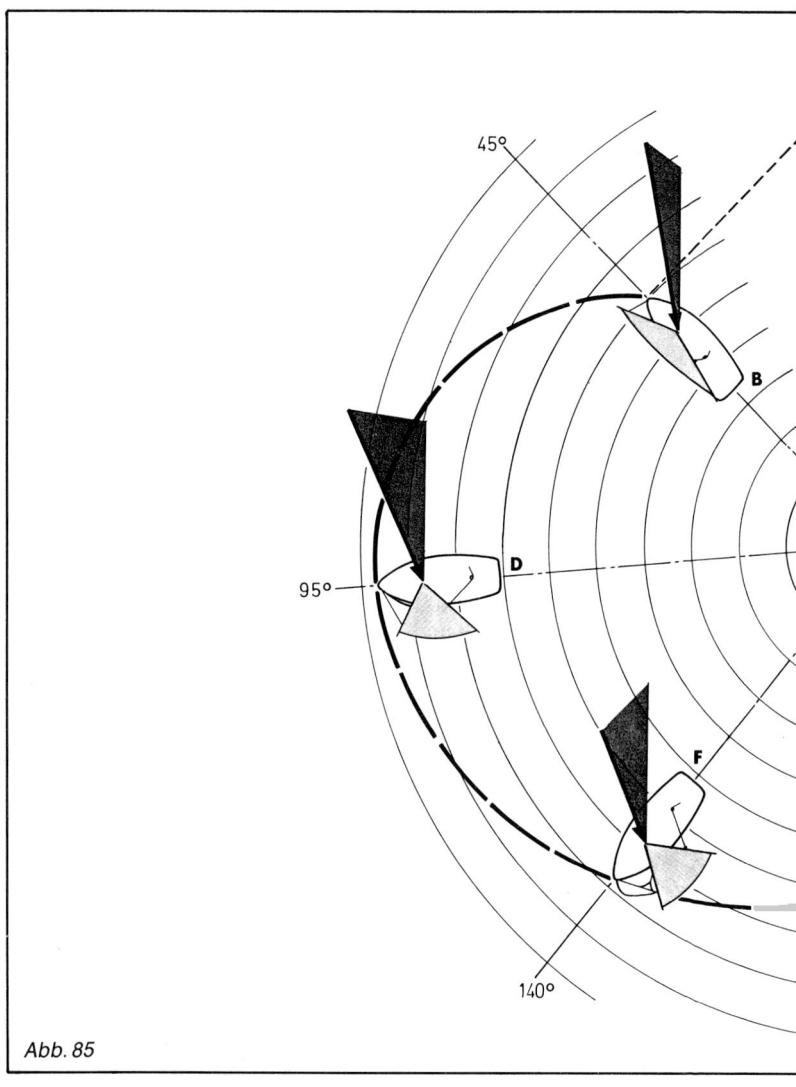

Abb. 85

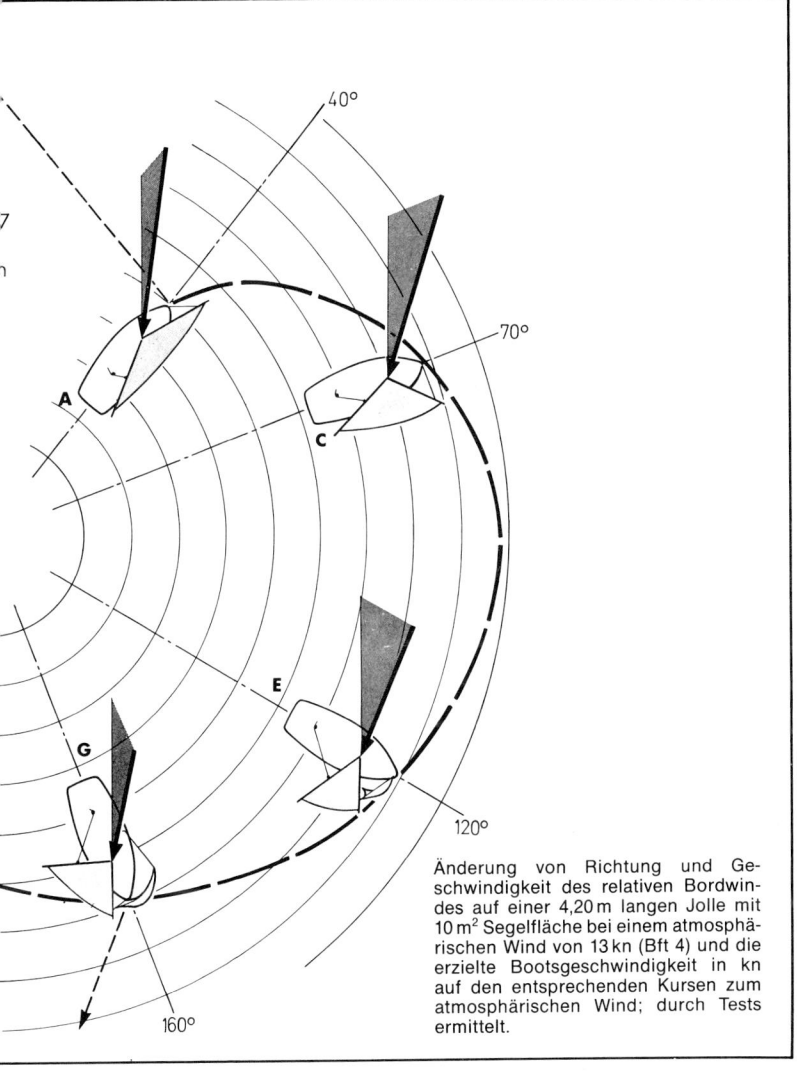

Änderung von Richtung und Geschwindigkeit des relativen Bordwindes auf einer 4,20 m langen Jolle mit 10 m² Segelfläche bei einem atmosphärischen Wind von 13 kn (Bft 4) und die erzielte Bootsgeschwindigkeit in kn auf den entsprechenden Kursen zum atmosphärischen Wind; durch Tests ermittelt.

113

anderen Kursen (Abb. 79–82) sehr weit von der Richtung des atmosphärischen Windes ab. Bei einem normalen, aber langsamen Boot beträgt der Richtungsunterschied auf raumen Kursen „nur" 20° bis 25°, bei guten Windverwertern und schnellen Booten wächst er bis weit über 35°. Das ist der Grund für manchen Trugschluß, wenn wir dem relativen Wind noch nicht hinter die Schliche gekommen sind; denn nur der Rudergänger, der diese große Windabweichung in Abbildung 80 (in Abb. 85 Position D) genau kennt und weiß, welche (relative) Windrichtung ihn beim Kreuzkurs in den Hafen nach einer Kursänderung erwartet, wird sich kaum verschätzen.

6. Sie werden bemerken, daß ich Mühe habe, die Kurse unseres Bootes zum (atmosphärischen) Wind richtig anzugeben. Denn unter „halbem" Wind verstand man ursprünglich wohl einen Kurs, der quer zur Achse des atmosphärischen Windes führte, d. h. neutral weder nach Luv noch nach Lee verlief. Wir Segler assoziierten diesen Begriff mit „querschiffs einfallend", d. h. einem (relativen) Wind, der weder von vorn noch von achtern, sondern breitseits oder dwars kommt. Hier aber beginnt das Labyrinth: Segeln wir weder nach Luv noch nach Lee (Abb. 80), dann fällt der Segelwind an Bord noch über das Vorschiff ein; das ist (noch) kein „halber" Wind. Spüren wir hingegen den Segelwind endlich aus einer Querab-Position (Abb. 81), dann laufen wir schon einen deutlichen Raumschotskurs. Dazu sind auch diese Grenzen flexibel: Bei einem schnelleren Boot fällt der Segelwind auch auf diesem Raumschotskurs von 120° noch vorlich vom Want auf das Segel. Wir müssen uns also wohl deutlicher an die Definitionen der Wettsegelbestimmungen halten, die nur zwischen „am Wind" (Abb. 77 und 78) und „raumschots" (Abb. 79–84) unterscheiden und von „hart-raum" sprechen, wenn der Wind auf raumen Kursen noch von vorn kommt, von „raumschots", wenn er von querab einfällt, und von „raumachterlich" reden, wenn er achterlicher als dwars einfällt. Übrigens befinden wir uns dabei in guter internationaler Gesellschaft, da die Segler anderer Länder den zwar sehr schönen, aber irreführenden Begriff „halber Wind" seit Beginn der modernen Jollentechnik schon lange nicht mehr benutzen.

7. Die unterschiedliche Geschwindigkeit des relativen Windes auf Am-

wind- und Raumschotskursen bei gleichem atmosphärischem Wind ist auch der Grund für die unterschiedliche Wölbung, auf die wir das Segel trimmen. Die schnelle Luftströmung bedingt flache Segel in den Abbildungen 77 und 78 (in Abb. 85 in den Positionen A und B). Sie erlaubt bauchige Segel in den Abbildungen 80–84 (in Abb. 85 in den Positionen D–H). Im Bereich der Abbildung 79 (in Abb. 85 Position C) beginnen bzw. enden die Trimmänderungen. Flache Segel in den Abbildungen 77–79 erzeugen bei der größeren Geschwindigkeit des relativen Windes genug Kraft, deren Richtung gleichzeitig mehr in Fahrtrichtung zeigt (siehe Abb. 72). Auf Raumschotskursen hat die Richtung der Segelkraft geringe Bedeutung – dafür kommt es bei der schwächeren Geschwindigkeit des relativen Windes darauf an, mit mehr Segelwölbung so viel Windenergie wie möglich zu erzeugen.

8. Ein Vergleich der Positionen A und B in Abbildung 85 und der Abbildung 77 und 78 zeigt, daß größte Höhe nicht unbedingt auch den schnellsten Weg nach Luv bedeuten muß. Hier kommt es auf einen gesunden Kompromiß zwischen Höhe und Geschwindigkeit an: Am Kompaß (oder gegenüber einer festen Landmarke) hat das Boot in Position B (Abb. 78) seinen Kurs gegenüber Abbildung 77 nur um 5° nach Lee geändert. Die Schot schrickte man dabei aber nur um den halben Winkel (3°), da durch die größere Fahrt auch der relative Wind um 2° nach voraus wanderte. Die Geschwindigkeit des relativen Windes wuchs zwar nur um 0,2 kn oder ca. 1%, aber die Gesamtkraft des Segels erhöhte sich dabei um 3%. Dieser nicht unbedeutende „Skonto-Betrag" sorgt in Verbindung mit einer gleichzeitigen winzigen Richtungsänderung der Segelkraft für den erstaunlich großen Fahrtgewinn.

9. Die geringste Geschwindigkeit des relativen Windes in Abbildung 83 (in Abb. 85 Position G) bedeutet nicht, daß unser Boot hier die geringste Fahrt läuft. Verglichen mit Abbildung 84 ist das Boot hier der Gefangene seiner eigenen, im Verhältnis zum Leekurs noch relativ schnellen Fahrt: Bei einem Anstellwinkel von 60° läßt sich die Leeströmung am Großsegel (oder auch umgekehrt: die Luvströmung an einem großen Vorsegel) noch gut aktivieren, und wenn sich das Boot durch diese schnelle Fahrt auf raum-achterlichen Kursen auch selbst den Wind aus den Segeln

nimmt, leistet seine Fläche doch mehr als bei einem senkrechten Anströmen des Windes in Abbildung 84.

10. Daraus ergibt sich, daß der schnellste Weg nach Lee nicht immer der kürzeste sein muß. Jedes Boot hat seinen optimalen Kurs nach Lee, aber es ist nicht ungewöhnlich, daß man mit (scheinbar!) weniger Windgeschwindigkeit in Abbildung 83 (in Abb. 85 Position G) auch auf Umwegen schneller ans Ziel kommt als mit (mehr) relativem Wind in Abbildung 84.

Eine Seite aus der Personalakte von Rasmus W.

Fügen wir jetzt diese gewonnenen Einzelbilder von Rasmus W. in seine Personalakte ein (Abb. 85): Das Gesamtbild zeigt die Änderung von Richtung und Geschwindigkeit des relativen Windes bei einer Segeljolle von ca. 4,20 m Länge und 10 m^2 Segelfläche auf einem Segelrevier mit einer Geschwindigkeit des atmosphärischen Windes von 13 kn oder 6,5 m/sec. Position A (vgl. Abb. 77) größtmögliche Höhe am Wind. – Position B (vgl. Abb. 78) optimale Höhe am Wind; günstigster Kurs zum schnellsten Erreichen eines Zieles in Luv. – Beide Positionen A und B stellen den Amwindkurs dar; durch die große Geschwindigkeit des relativen Windes arbeitet das Segel hier mit einem Wölbungsverhältnis von 10–12% (vgl. Abb. 48) und dem entsprechenden optimalen Anstellwinkel von 15%.

In der Position C (vgl. Abb. 79) beginnt der Raumschotskurs. Es ist immer eine Gretchenfrage, ob das Boot hier noch mit einem flacheren Segel oder schon mit einem bauchigen Segel schneller ist. Der effektive Vorschub ist in der Position C – wie wir später genauer sehen werden – bei beiden Segeln gleich; ein flacheres Segel ist hier vorteilhafter.

In den Positionen D und E (vgl. Abb. 80 und 81) benutzt die Jolle ein bauchiges Segel mit einem Wölbungsverhältnis von 16% und einem optimalen Anstellwinkel von 20°. Zwischen diesen beiden Positionen liegt der Höchstfahrtbereich. Auch in den Positionen F–H (vgl. Abb. 82–84) werden bauchige Segel gefahren; aber sie werden hier nicht mehr optimal angeströmt, sondern arbeiten mit ungünstigeren Anstellwinkeln von 31°, 60° bzw. 80°. Was das für die Segelkraft und damit die Bootsgeschwindigkeit bedeutet, hatten wir anhand der Abb. 69 besprochen.

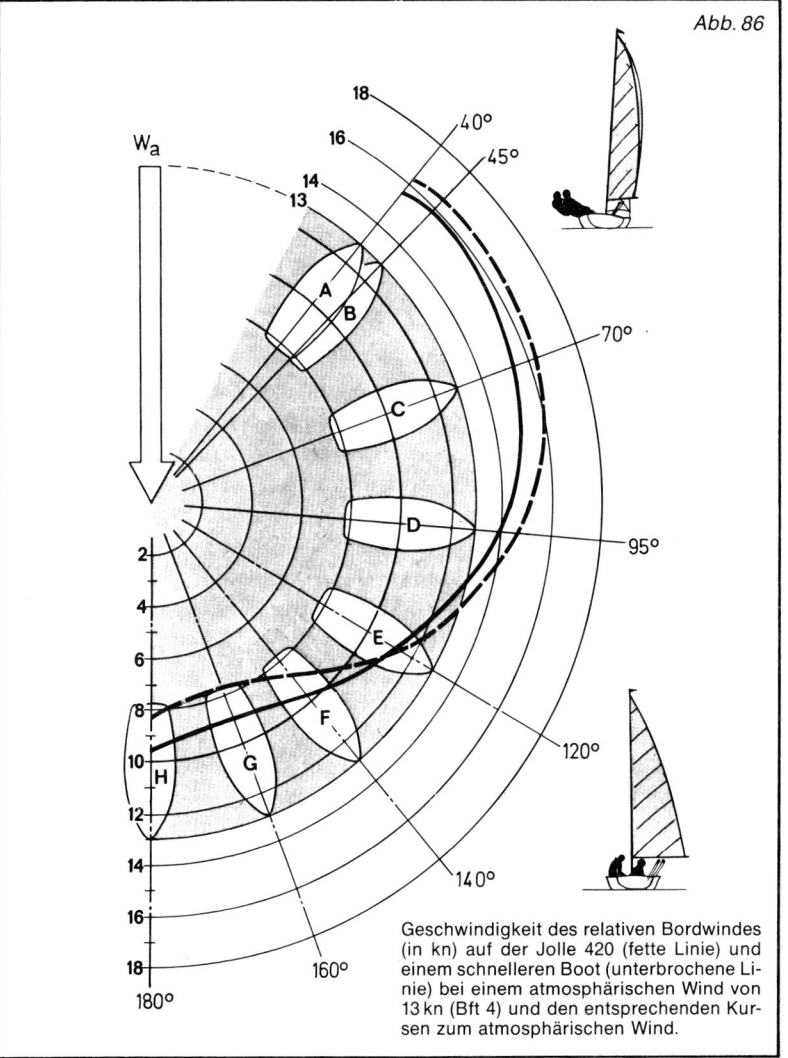

Abb. 86

Geschwindigkeit des relativen Bordwindes (in kn) auf der Jolle 420 (fette Linie) und einem schnelleren Boot (unterbrochene Linie) bei einem atmosphärischen Wind von 13 kn (Bft 4) und den entsprechenden Kursen zum atmosphärischen Wind.

117

Die Unterschiede zwischen dem atmosphärischen Wind und dem relativen Wind auf den entsprechenden Kursen sowohl in bezug auf die Windrichtung wie die Windgeschwindigkeit sind gut zu erkennen. Abhängig von der Qualität eines Bootes bzw. seinem „Leistungsgewicht" kann man so die spezifische Leistung jedes Bootes bei jeder (durch die Natur gegebenen unterschiedlichen) Geschwindigkeit des atmosphärischen Windes aufzeichnen, und wir erhalten dann eine Vielzahl von ähnlichen Diagrammen; auf Typisches und Besonderes in solchen Darstellungen kommen wir in Abbildung 118 zurück.

Gewinn und Verlust

Wir hatten eingangs gesagt, daß die Natur uns für einige Kurse mehr Wind gibt, den sie uns auf anderen Kursen wieder nimmt, und wir hatten diesen fairen Ausgleich des Gebens und Nehmens begrüßt, weil er uns begünstigt: In Abbildung 86 habe ich die an Bord unserer segelnden Jolle gemessenen Geschwindigkeiten des relativen Windes auf den entsprechenden Kursen A–H (vgl. Abb. 77–84) noch einmal in Beziehung zu der an Land gemessenen Geschwindigkeit des atmosphärischen Windes gesetzt. So ändert sich also das Gesicht von Rasmus W. bei den gleichen Wetterbedingungen des Tages auf unterschiedlichen Kursen:
Die fette Kurve zeigt die Geschwindigkeiten des relativen Windes auf den entsprechenden Kursen, wie sie an Bord einer Jolle (z. B. vom Typ 420) und mit den in Abbildung 85 gezeigten Fahrtgeschwindigkeiten auf den verschiedenen Kursen zum Wind an Bord gefühlt bzw. gemessen werden. Eine Geschwindigkeit des atmosphärischen Windes von 13 kn oder 6,5 m/s stellt den Grundwert dar.
Die gestrichelte Kurve zeigt die Geschwindigkeit des wirksamen Windes an Bord einer schnelleren Jolle (siehe Abb. 87–94), die ein besserer Windverwerter ist.
Sie läuft unter den gleichen atmosphärischen Windbedingungen schnellere Fahrt und erzeugt damit auch einen für sie vorteilhaften stärkeren Eigen-Fahrtwind, der ihr wiederum die Möglichkeit gibt, stärkeren relati-

ven Wind zu produzieren und damit wiederum größere Windgeschwindigkeit mit höherem Nutzwert zu verwerten – ein Schritt zu einem modernen perpetuum mobile also?

Die größte Windenergie erzeugt unser Boot auf Kursen nach Luv. So ist z. B. die Windgeschwindigkeit des relativen Windes in Position D bei normaler Besegelung mit 15,7 kn um 20%, bei schnelleren und übertakelten Booten mit 16,5 kn sogar um 30% größer als die Geschwindigkeit des atmosphärischen Windes. Auf Kursen nach Lee vermindert sich die Windgeschwindigkeit an Bord beträchtlich; sie erreicht in Position G mit 9,0 bzw. 7,7 kn nur 70–60% des atmosphärischen Windes. Während dem schnelleren Boot auf Kursen nach Luv (gestrichelte Kurve) mehr gegeben wird als dem normalen Boot, muß das Rennboot auf Kursen nach Lee diesen Gewinn wieder auf Heller und Pfennig zurückzahlen. Je schneller ein Boot segelt, desto deutlicher werden die typischen Unterschiede zwischen der Geschwindigkeit des atmosphärischen und des relativen Windes, der bei uns an Bord herrscht.

Der Schnellere wird belohnt

Ein wichtiges Kennzeichen unseres Phänomens ist seine Ungerechtigkeit; denn es belohnt denjenigen Segler, der ohnehin schon das Glück hat, schneller als sein Konkurrent zu segeln, und es bestraft den langsamen, der durch schlechte Segeltechnik, ein langsameres Boot oder eine mangelhafte Windverwertung seiner Segel eigentlich schon genug benachteiligt ist.

Wer also in Einheitsklassen besser segelt, zur rechten Zeit die richtigen oder mehr Zusatzsegel setzt und dadurch schnellere Fahrt läuft, erhält noch eine Zusatzprämie des relativen Windes: eine größere Windgeschwindigkeit, die sich mühelos in mehr Segelkraft umsetzen läßt. Wer hingegen den relativen Wind schlechter verwertet, wird durch Abzug von Windkraft bestraft, und es wird ihm dadurch noch schwerer gemacht, einen Rückstand aufzuholen, weil Rasmus W. ihm damit praktisch seinen Motor drosselt.

119

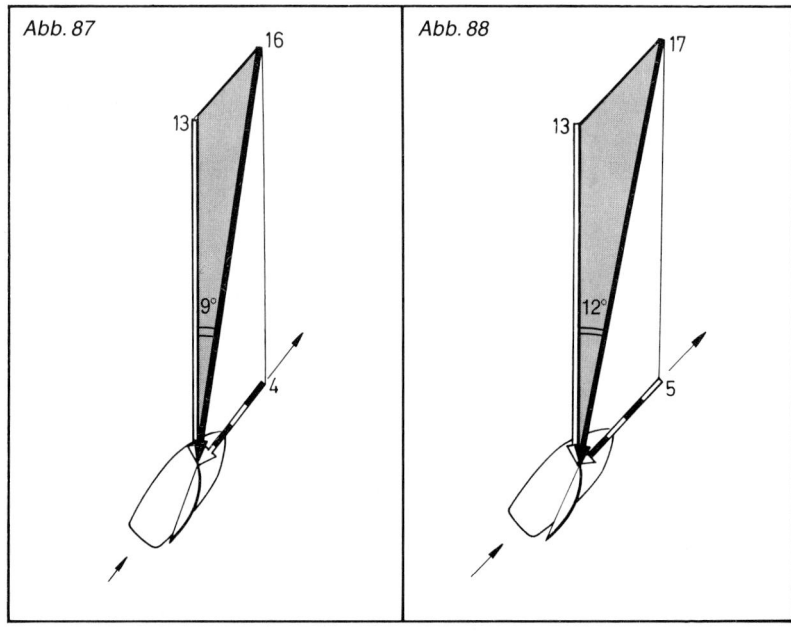

Wir haben kein extremes Beispiel gewählt, um – etwa mit einem Rennkatamaran, siehe Abschnitt Segeltechnik – dieses „unsoziale" Verhalten des relativen Windes deutlich zu machen. In den Abbildungen 87 bis 94 ist einfach dargestellt, wie sich Richtung und Stärke des scheinbaren Windes ändern, wenn bei der gleichen atmosphärischen Windgeschwindigkeit von 13 kn ein besserer Windverwerter, d. h. ein etwas größeres Boot mit mehr Segelfläche, diejenige größere Fahrtgeschwindigkeit erreicht, die unsere kleine Jolle erst in schwerem Wetter bei einer atmosphärischen Windgeschwindigkeit von 18 kn gewinnen würde (siehe Abb. 118). In den Abbildungen 87 bis 94 (vergleichbar mit den Abb. 77–84) sind also Richtung und Stärke des atmosphärischen Windes sowie Kursrichtung und Schotführung des Bootes gleichgeblieben; nur die Fahrtge-

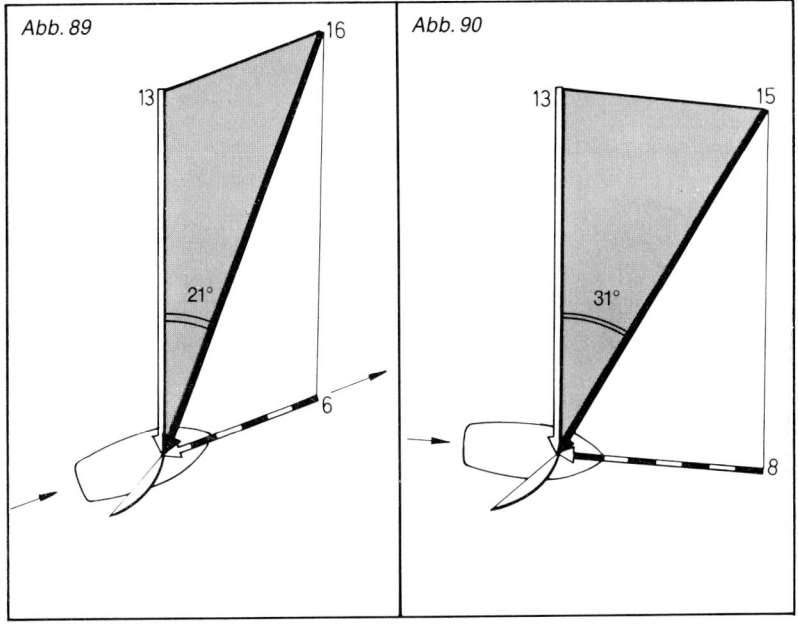

Abb. 89

Abb. 90

schwindigkeit hat sich mit angemessenen Anteilen vergrößert – aber durch die Erhöhung des Fahrtwindes als eine Komponente des relativen Windes veränderte sich dieser (im Vergleich zu den Abb. 77 bis 84) sowohl in Richtung wie in Stärke doch beträchtlich. Beschränken wir uns auf ein Resümee:

1. Bei schnelleren Booten ist der Richtungsabstand zwischen dem atmosphärischen und dem relativen Wind größer als bei langsamen Booten. Je schneller ein Boot segelt, desto mehr büßt es seine Fähigkeit ein, vorteilhaft aufzukreuzen.

2. Der Winkel zwischen dem atmosphärischen und dem relativen Wind wächst besonders sichtbar auf Raumschotskursen (Abb. 90–92). Das ist ein wichtiger Vorteil: Das Segel bleibt länger optimal umströmt bzw.

121

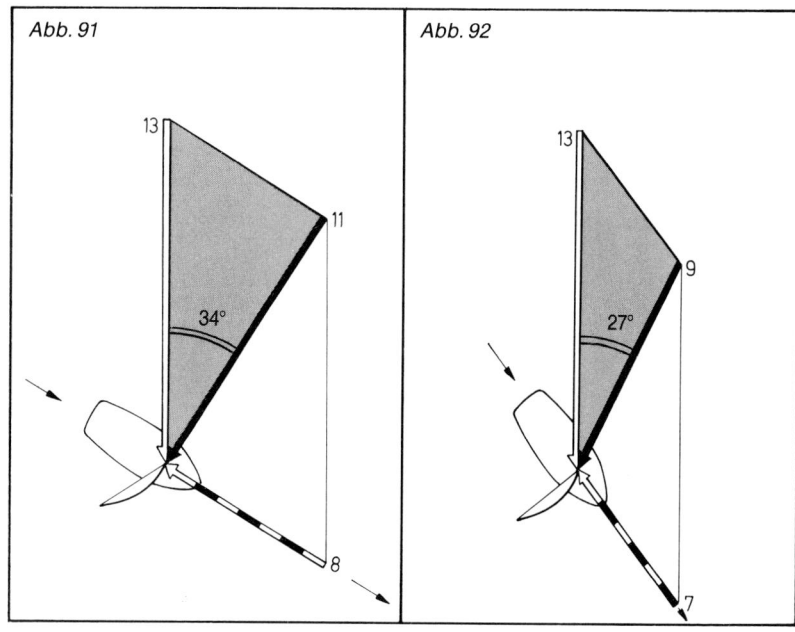

Abb. 91   Abb. 92

arbeitet in Position F mit einem kleineren Anstellwinkel von 24° sowie in der Position E mit einem kleineren Anstellwinkel von 53° (im Vergleich mit den Abb. 82 und 83 bzw. den Positionen F und G in Abb. 85), so daß sich hier nicht nur die größere Windgeschwindigkeit, sondern auch der günstigere Anstellwinkel als Hauptmerkmale der erheblich gesteigerten Schußfahrt in diesem raumen Bereich auswirken.

3. Demgegenüber ist im Bereich hoch am Wind (Abb. 87–88) das Anwachsen dieses Winkels ungünstig; große Höhe können also nur langsame Boote oder Yachten laufen, die durch ihren langen Lateralplan der großen Querkraft auf diesem Kurs eine wirksamere Abdrift-Gegenwirkung bieten können.

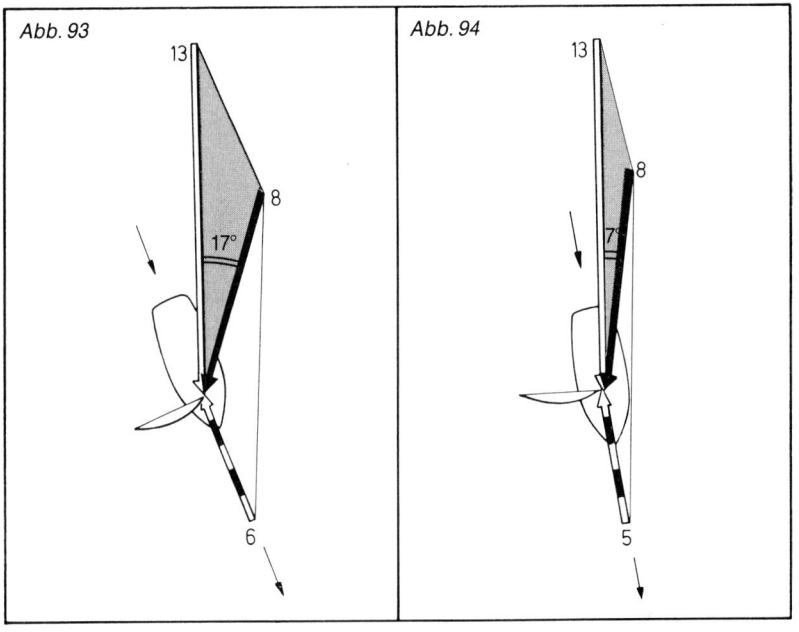

Abb. 93

Abb. 94

4. Die Geschwindigkeit des relativen Windes wächst auf Kursen gegen den Wind (Abb. 87–88) auf 130% des atmosphärischen Windes an, d. h. man hat ein Gefühl der Windstärke 5, während man auf raumen Kursen (Abb. 93) bei einer auf 60% verminderten atmosphärischen Windgeschwindigkeit den Eindruck hat, mit Windstärke 2–3 offenbar in einen Flautenstrich geraten zu sein.

5. Während das Schricken der Schot von Abbildung 77 nach Abbildung 78 nur ein „Skonto" von 3% mehr Kraft bedeutet, macht sich die gleiche Änderung von 5° zur Windachse hier sogar als „doppeltes Skonto" mit 6% Kraftgewinn bemerkbar. (In Abb. 78 wuchs die Geschwindigkeit des wirksamen Windes um 0,2 kn von 15,5 auf 15,7 kn; dieser winzige Unter-

schied von 0,1 m/s wirkt sich jedoch im Quadrat aus.) Hier wächst von Abbildung 87 auf Abbildung 88 der relative Wind um 0,4 kn. Diese 0,2 m/s ergeben in ihrer Potenzierung auf einer höheren Wertebene ca. 6% mehr Segelkraft.

6. Ein Vergleich der Abbildungen 93 und 94 läßt erkennen, wie ein schnelles Boot sich auf extremen Leekursen selbst behindert. Schnelle Fahrt in Richtung des atmosphärischen Windes vermindert auch den relativen Wind beträchtlich, und wenn das Segel auf diesen Kursen dann noch vierkant als reiner „Windfang" vom Luftstrom mitgenommen wird und nicht als „Windmotor" Kraft erzeugt, schleicht es nur sehr langsam dahin. Viele Legenden und falsche Meinungen knüpfen sich um diese Erscheinung; wir werden später hierauf ausführlicher eingehen.

Geschwindigkeit als Handikap

Das „perpetuum nautile" mit mehr Fahrtgeschwindigkeit, das in der Lage ist, mehr relativen Wind zu machen und durch größere relative Windgeschwindigkeit wieder mehr Kraft für eine Steigerung der Bootsgeschwindigkeit zu erhalten, kann sich bei sehr schnellen Booten auch als Handikap erweisen. Diese Fähigkeit zum Wind- und Geschwindigkeit-Machen zahlt sich praktisch nur auf neutralen Kursen zwischen Luv und Lee aus. Die Abbildungen 95 bis 97 zeigen drei typische Bootsgruppen und ihr typisches Verhalten auf einem Amwind-Kurs und bei dem wichtigen Manöver des Wendens:

In Abbildung 95 segelt ein langsames Kielboot, in Abbildung 96 eine schnelle Jolle und in Abbildung 97 ein rasanter Katamaran bei der gleichen atmosphärischen Windgeschwindigkeit von 13 kn bzw. 6,5 m/s gegen den Wind. Der Winkel zwischen relativem Wind und Segelsehne ist überall gleich. Der Seekreuzer kann sehr hoch anliegen, weil der Winkel zwischen dem relativen und dem atmosphärischen Wind sehr klein ist. Das sieht gut aus – aber das Handikap der großen Höhe ist die geringe Fahrt.

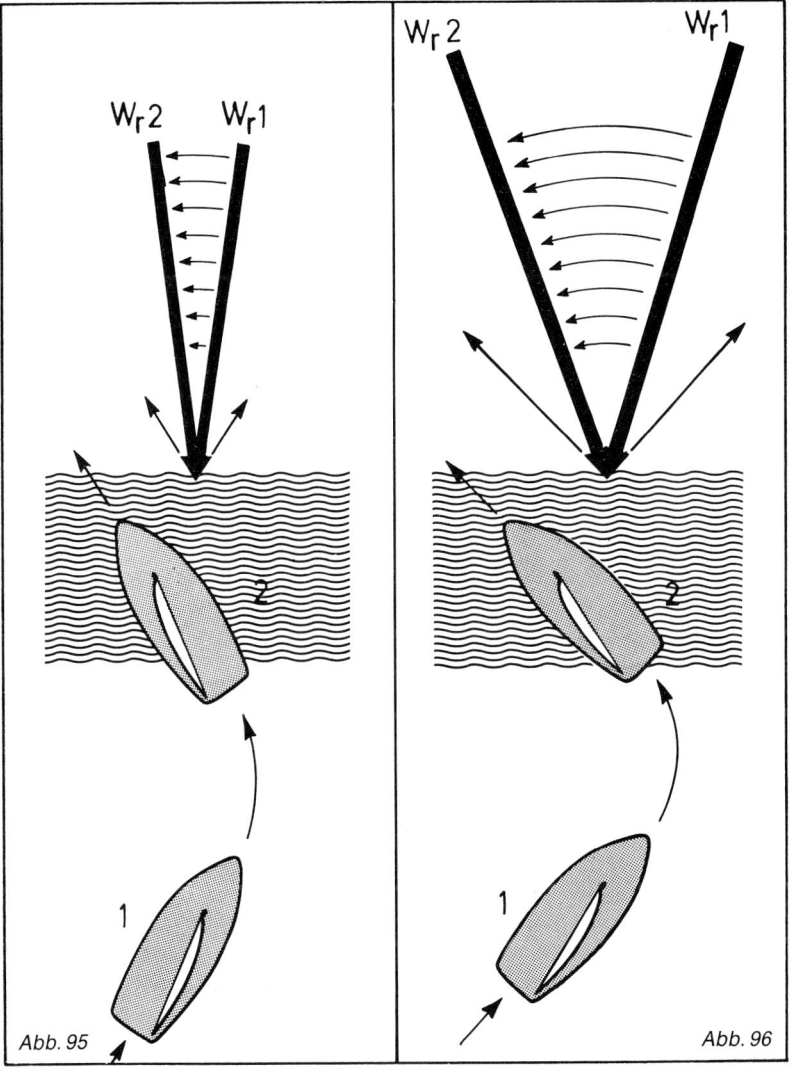

Abb. 95

Abb. 96

Die Jolle in Abbildung 96 kann lange nicht so gut aufkreuzen, wenn man ihren Kurs mit dem des Kielbootes vergleicht. Aber sie ist schneller, und darum macht sich die größere Differenz zwischen der Richtung des atmosphärischen und des relativen Windes nicht bemerkbar.

Der schnelle Katamaran in Abbildung 97 lenkt hingegen die Richtung des relativen Windes durch seine hohe Geschwindigkeit so weit von der des atmosphärischen Windes ab, daß er – verglichen mit den beiden anderen Booten – gar nicht mehr vorteilhaft aufzukreuzen scheint.

Aber alle Boote segeln am Wind, mit der gleichen Segelführung, der gleichen Schotstellung und der gleichen optimalen Anströmung des (relativen) Windes. Und alle drei Boote kreuzen – jedes auf seine Art – auf optimalem Amwindkurs, bei dem sie ein Ziel in Luv auf dem schnellsten Wege erreichen können.

Daß sich diese begeisternde Fahrt des Katamarans praktisch nur auf neutralen Kursen zwischen Luv und Lee auszeichnet, zeigt Abbildung 98: Das sind die optimalen Kurse aller drei Bootstypen, Yacht, Jolle und Katamaran, wenn sie ein Ziel in Luv ankreuzen wollen, und die Distanzen, die sie nach einer Segelstunde bis zur Wende und nach zwei Segelstunden bis zum abermaligen Kreuzen der Windachse zurücklegten.

Natürlich erreicht der Katamaran das Ziel als erster – aber sein Mehraufwand an Segelfläche und sein extremes Leichtgewicht des Rumpfes zahlt sich nicht aus: Trotz der doppelten Jollengeschwindigkeit ist der Luvgewinn des Katamarans nur um ca. 18% größer als der der Jolle; denn die um 50% langsamere Jolle würde schon 21 Minuten später am Ziel sein, d. h. es mit nur 18% mehr Zeit erreichen wie der Kat.

Die höhere Jollengeschwindigkeit zahlt sich aber gegenüber dem langsamen Kielboot beträchtlich aus; mit ihrer doppelten Fahrt benötigt die Jolle nur die Hälfte der Zeit, die das Kielboot unterwegs ist.

Vielleicht liegt hierin auch ein Grund, warum Katamarane nicht so beliebt sind. Ein anderer Grund ist ihre träge Manövrierfähigkeit (siehe Abb. 97): Beim Wenden drehen sie praktisch hinter dem (relativen) Wind hinterher. Diese Distanz, der Winkel von ca. 130° und die Zeit nehmen ihnen viel Fahrt, und auch in diesen Manövriereigenschaften sind ihnen Einrumpfboote und besonders die schnellen Jollen (siehe Abb. 96) deutlich überle-

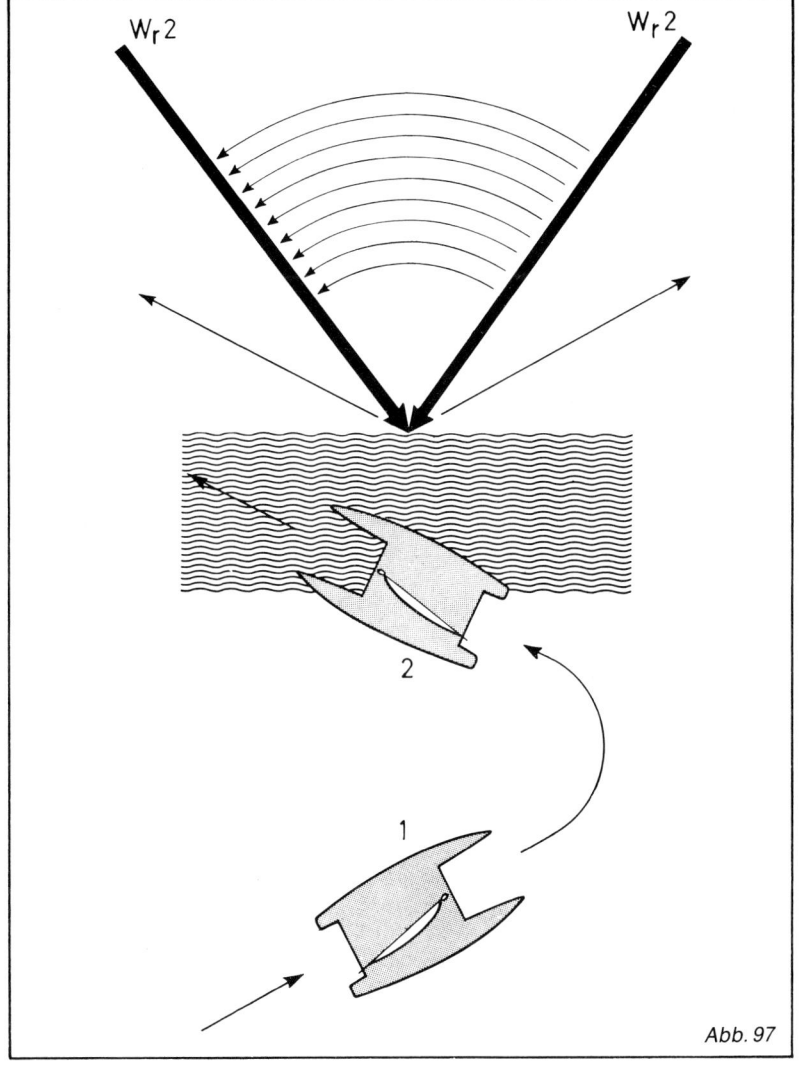

Abb. 97

gen. Wie sich der relative Wind bei Manövern im einzelnen verhält, erläutert mein Buch „Manöver mit Jollen"; auch alle anderen Segel- und Anlegemanöver können – wie dieses Beispiel zeigt – ihre eigenen Probleme haben.

„Sturm" und „Flaute" auf einem Revier zu gleicher Zeit?

Wenn zwei Boote auf dem gleichen Revier segeln, das eine jedoch zum Hafen aufkreuzen muß, während das andere raumschots auf Wanderfahrt geht, werden sich ihre Logbucheintragungen über den atmosphärischen Wind sicher nicht gleichen. Die Abbildungen 85 und 86 hatten uns bereits gezeigt, wie weit der relative Wind (an Bord) gegenüber dem atmosphärischen Wind abflauen oder auffrischen kann. Die Besatzung des Bootes B, das in Abbildung 85 hart am Wind bei einer atmosphärischen Windgeschwindigkeit von 13 kn oder Beaufort 4 segelt, hat das Gefühl einer frischen Brise oder Windstärke 5. Die Crew, die gemächlich mit der Schotführung in Position G auf Urlaub schippert, hat das Gefühl von Beaufort 2–3.

So weit kann also die Windstärke differieren, wenn Boote auf dem gleichen Revier verschiedene Kurse segeln – und niemand sagt die Unwahrheit, wenn er in Position B Windstärke 5 und in Position G Windstärke 2 angibt. Da die Windkraft jedoch mit dem Quadrat der Windgeschwindigkeit wächst, sind die Wirkungen noch unterschiedlicher, als es die Windgeschwindigkeit erkennen läßt (Abb. 99): Auf Amwindkursen, wo die Crew Beaufort 5 registriert, ist die Kraft des Windes fünfmal so groß wie mit Beaufort 2–3, die an Bord der Jolle G festgehalten wird. Sturm und Flaute liegen im gleichen Revier bei unterschiedlichen Kursen gleicher Boote eng beieinander.

Auf diese Unterschiede kann gar nicht deutlich genug aufmerksam gemacht werden: Aus allen Windstärken-Tabellen, die in den Fachbüchern der Wetterkunde abgedruckt und nicht nur vorbehaltlos in Bücher für den Wassersportler übernommen, sondern sogar mit Tips zur richtigen Segelführung erweitert wurden (siehe nebenan), muß die Besatzung an

Bord den Wind als etwas Statisches ansehen. Sie erkennt dabei meistens nicht, daß Windstärke 4 an Land etwas anderes bedeutet als der weite Bereich von Windstärke 2 bis Windstärke 5, den ein Boot auf dem Wasser bei dieser Land-Windstärke, aber den verschiedenen Kursen ausnutzen kann, ertragen muß oder abwettern soll – von welcher Seite man es immer sehen muß. So ist es also nicht nur unsinnig, sondern sogar gefährlich, wenn man Windstärken-Tafeln wie in Abbildung 99 benutzte, um sowohl Segelführung wie Fahrgeschwindigkeit eines Bootes zu den Windstärken an Land anzugeben – denn beide können sich nur auf die Stärke des relativen Windes an Bord beziehen.

Wir werden später sehen, daß sich bei Höchstgeschwindigkeiten unter Segel die Geschwindigkeiten des relativen Windes an Bord so weit steigern können, daß wir bereits bei einem atmosphärischen Wind von Beaufort 5, auf Raumschotskursen Beaufort 6, auf hart-raumen Kursen

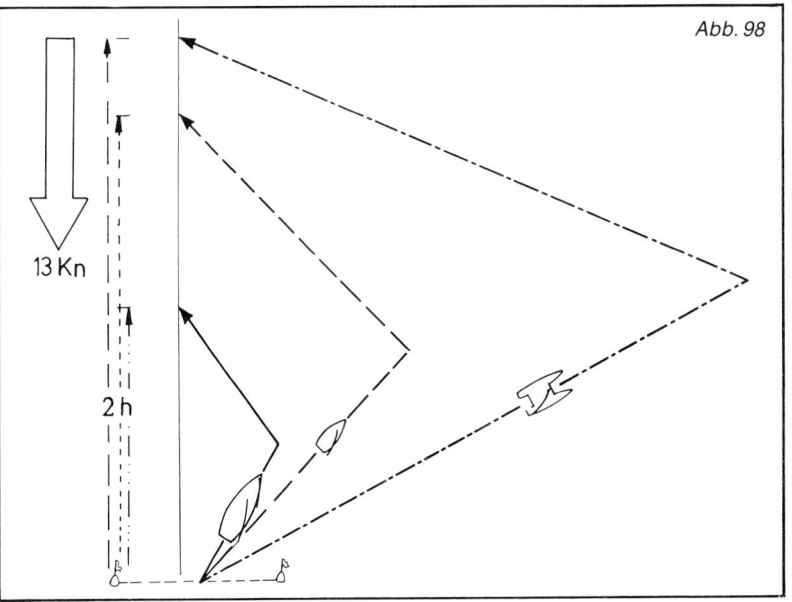

Abb. 98

13 Kn

2 h

Beaufort 7 und am Wind Beaufort 8 an Bord spüren. Wer also mit einer Vollzeugbrise raumschots zu einer Kaffeefahrt mit (scheinbar) leichten Winden ausläuft, kann bei dem Versuch, hoch am Wind wieder in den Hafen zurückzulaufen, sein blaues Wunder erleben. Das sind dann die Unfall-Situationen, deren einzige Ursachen mangelhafte Informationen sind – und da tragen alle Segellehrer einen Teil der Schuld mit.

Erst recht kompliziert wird dieses Problem, wenn der atmosphärische Wind nicht nur von der Großwetterlage, sondern auch von örtlichen (thermischen) Einflüssen „gemacht" wird, und sich diese Luftströmungen mit dem relativen Wind (ungünstig) summieren:

Windstärken-Tafel mit historischen Angaben für Fahrt und Segelführung

Wind-stärke Beaufort	Bezeichnung	Kennzeichen an Land	Segelführung	Fahrt
0	Windstille	Rauch steigt gerade empor	Segel stehen nur zeitweise	Nur leichte, schnelle Boote machen etwas Fahrt
1	Leiser Zug	Rauch steigt fast gerade empor	Segel stehen	Schnelle, leichte Boote machen bereits merklich Fahrt
2	Leichte Brise	Hebt leichte Wimpel, bewegt zeitweise kleine Blätter	Segel stehen gut	Ranke Boote haben bereits etwas Lage, schwere Boote nehmen Fahrt auf
3	Schwache Brise	Bewegt Flaggen und Blätter ununterbrochen	Segel stehen sehr gut	Alle Boote machen gute Fahrt
4	Mäßige Brise	Streckt Wimpel, bewegt schwache, unbelaubte Äste	Viele Boote müssen reffen	Die meisten Boote entwickeln ihre beste Geschwindigkeit, für kleine Boote Grenze der Möglichkeit, sich gut auf See zu halten

5	Frische Brise	Streckt größere Flaggen, bewegt größere Äste	Nur steife Boote tragen noch Vollzeug	Der Seegang wird beim Kreuzen hinderlich, kleinere Boote vermögen die See nicht mehr zu halten
6	Starker Wind	An Häusern hörbar, bewegt schwächere Bäume	Allgemein mehr oder weniger gerefft, meist kleine Fock	Kleinere Boote können auf See meist nicht mehr gut kreuzen
7	Steifer Wind	Bewegt unbelaubte Bäume mittlerer Stärke	Stark reffen, Sturmsegel setzen	Kleinere Fahrzeuge können sich auf ausgedehnten Gewässern nicht mehr halten
8	Stürmischer Wind	Bewegt stärkere Bäume, bricht Zweige ab, hindert beim Gehen	Etwa die Hälfte der Normalbesegelung	Leichte Boote kreuzen nicht mehr, große Yachten kreuzen nicht mehr auf See
9	Sturm	Abbruch größerer Äste, Beschädigungen an Dächern	Nur noch Sturmsegel	Kein reguläres Segeln mehr

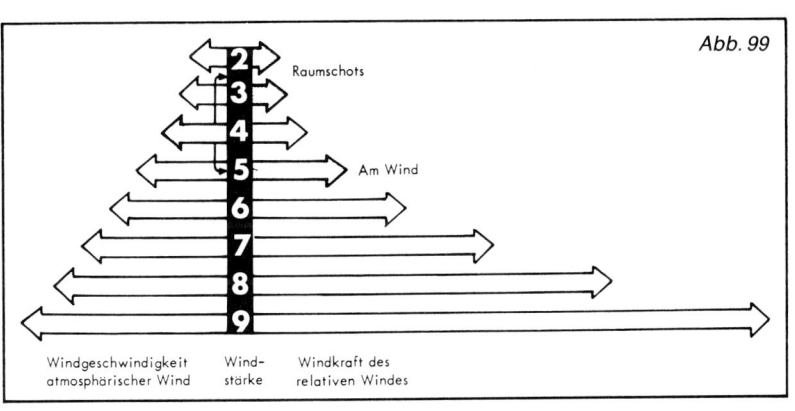

Abb. 99

Windgeschwindigkeit atmosphärischer Wind — Windstärke — Windkraft des relativen Windes

Raumschots
Am Wind

Im Sommer-Orkan gekentert?

Wenden wir jetzt die Einsicht in die Gesetzmäßigkeit des relativen Windes an einem (simplen und doch nicht einfachen) Beispiel an und erkennen dabei gleichzeitig, warum wir uns im Kapitel 1 so ausführlich mit den Besonderheiten und Tücken des atmosphärischen Windes (vgl. Abb. 36 und 37) beschäftigt haben: Es ist ein schöner Sommertag mit strahlendem Sonnenschein. Wir stehen am späten Vormittag am Nordufer des Steinhuder Meeres (der als gutes Beispiel für einen großen Binnensee mit den üblichen Wetterbedingungen des Sommers gelten kann). Der Windmesser am Steg bewegt sich träge; er zeigt 6 kn, also nur 2 Windstärken Beaufort an. Wir takeln unser Boot auf, packen Kind und Kegel hinein und setzen alle Plünnen. Gemächlich schippern wir mit einer Geschwindigkeit von 2 kn los (Abb. 100, Pos. A), freuen uns mitten auf dem See über zunehmende Fahrt (Abb. 100, Pos. B) und das Gefühl von Windstärke 3 und registrieren in der Nähe des anderen Ufers (Pos. C), als unser Boot schon zügig dahinzugleiten beginnt: Donnerwetter, hier herrscht ja eine richtige Vollzeugbrise!

Anlegen, an Land gehen, baden, Zeitvertreib – und dann zurück zum Steg. Erste Bemerkung beim Auftakeln: Sieh mal an, der Wind hat aber aufgefrischt! Tatsächlich, am Ufer hat man bei 18 kn Windgeschwindigkeit das Gefühl von beginnender Stärke 5.

Sollen wir reffen?

Ach was – draußen auf dem See ist längst nicht so viel Wind.

Also ablegen, die Schoten dichtholen und Fahrt aufnehmen – aber dann passiert es schnell: Der Wind wirft unsere Jolle um (Pos. D).

Aufrichten ist mit Kind und Kegel schwierig, abbergen ist nicht schön. Also läßt man das Boot am Strand und fährt – sicherheitshalber – mit einem Motorboot nach Hause. Eine wilde Geschichte will man erzählen, von einer Kenterung im Sommer-Orkan und harter Bewährung – aber als man am Nordufer wieder ankommt, ist es hier so flau wie vorher.

Des Rätsels Lösung für das Kentern: Nach dem Ablegen sprang die Jolle schnell an, erreichte eine Geschwindigkeit von 4,5 kn (auch mit schlechter Ruderführung) und mußte dabei einen relativen Wind von 21 kn ver-

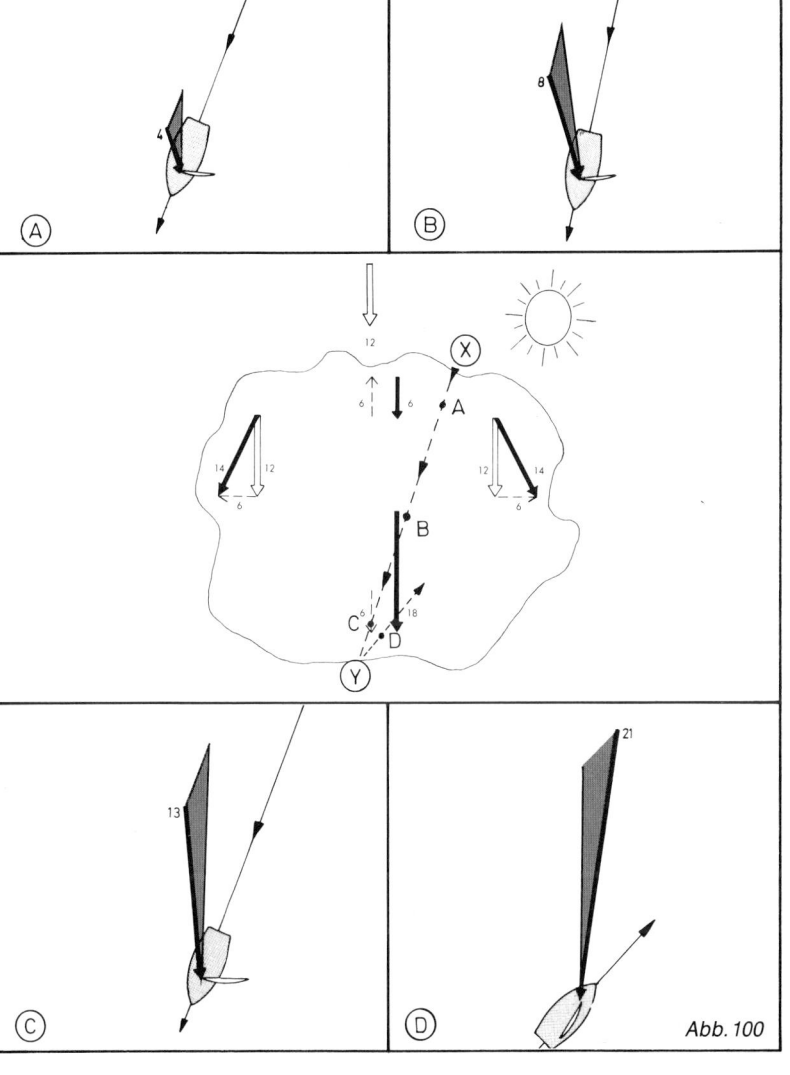

Abb. 100

133

kraften; das ist beginnende Windstärke 6 und sicher zu viel für eine Schwertjolle, erst recht, wenn die Besatzung sich nicht auf diese mögliche Wetterentwicklung eingestellt hat (s. Pos. D).

Das Fazit: Auch flaue, sonnige Tage können auf begrenzten und damit meistens als besonders sicher angesehenen Binnenrevieren sehr gefährlich werden. Besonders im Sommer und im Binnenland muß der Wetterbericht gehört und die Wetterlage im begrenzten Segelrevier genau analysiert werden. Leichter Landwind am Vormittag, wo doch eigentlich Seewind zu erwarten ist – das deutet auf eine stärkere atmosphärische Windgeschwindigkeit im Großraum hin.

Also nicht denken: „Der Wetterbericht hat sich einmal wieder geirrt, statt Beaufort 4 nur Beaufort 2!", sondern überlegen: Anstelle von üblichem Seewind herrscht unerwartet Landwind. Das bedeutet am Nordufer unseres Sees: verminderte örtliche Windgeschwindigkeit, am Südufer jedoch größere örtliche Windgeschwindigkeit. Wenn wir also segeln wollen, gibt es zwei Möglichkeiten: Wir halten uns nur am Nordufer, vielleicht noch mitten auf dem See auf, lassen uns aber nicht zu einem Anlaufen des Südufers verleiten. In jedem Falle bleiben wir dann im Bereich des angesagten und verminderten atmosphärischen Windes.

Die andere Möglichkeit: Wir starten, wie geschehen, am Vormittag und laufen das Südufer an. Hier verweilen wir jedoch, bis der Seewind in den späten Nachmittagsstunden einschläft und der örtliche Wind dadurch etwas abflaut. Dann kreuzen wir sicherer nach Hause, mit der Windgeschwindigkeit des atmosphärischen Windes und ohne die örtlichen Land-Seewind-Einflüsse.

Wer allerdings zu lange wartet, gerät vom Regen in die Traufe: Aus einer lauen Mondscheinfahrt auf dem ersten Teil der Kreuz entsteht der gleiche Kampf in der Nähe des Nordufers, den man ja eigentlich vermeiden wollte (vgl. Abb. 37).

Ein sicherer Kompromiß in diesem Falle: In Küstennähe auf das Ost- bzw. Westufer zulaufen, wo die örtlichen Winde nicht nur in ihrer Stärke geringer, sondern auch in ihrer Richtung günstiger sind, und sich – wenn es am Nordufer härter als erwartet weht – unter Land mit verminderter Windgeschwindigkeit doch noch sicher ans Ziel zu pirschen.

Das Wind-Karussell ist kein vergnüglicher Spielplatz

„Die besten Kapitäne stehen immer an Land", heißt es nicht zu Unrecht. Mit den Händen in den Hosentaschen läßt es sich leichter nachdenken, als wenn man alle Hände voll zu tun hat, und wer keine Angst um die Veränderung seines sicheren Standortes auf einer Pier haben muß, kann Distanzen, Geschwindigkeiten, Kräfte und Handlungen besser beurteilen als ein nicht weniger erfahrener Segler, dessen schwimmende Denkbasis in ständiger Bewegung ist.

Das gleiche Gefühl, das uns befällt, wenn wir in einem rollenden Gefährt auf der Straße, in Verantwortung eines großen Schiffes auf dem Wasser oder beim ersten Alleinflug in der Luft unterwegs sind, haben wir auch an der Pinne: Wir müssen – der Geschwindigkeit unseres Bootes entsprechend – weit vorausdenken, müssen das Unvorhersehbare kommen sehen, müssen unsere Entscheidungen zeitgedrängt und in der unaufhaltsamen Bewegung unseres Bootes geistesgegenwärtig treffen, müssen alle notwendigen Manöver vorher einleiten und ständig mit der nötigen Sicherheitsreserve kalkulieren.

Auch das Auto rollt aus, wenn es zum Stehen kommen soll – aber es läßt sich abbremsen, und durch Bedienen unseres Kupplungspedals können wir die Kraftquelle mit einem Fußtritt abstellen. Das Auto kann man überall stehen lassen, wenn es brenzlig wird – notfalls sogar mit neutralisierter Kraftquelle und startbereit für ein sofortiges Wiederanfahren.

Ein Windmotor läßt sich nicht abstellen; zwar kann man die Schoten fieren und die Segel killen lassen – aber damit stoppt man den Windmotor nur unvollkommen und nur für kurze Zeit. Schnell wird der Wind wieder Gewalt über unser Boot bekommen und den Windmotor in Betrieb setzen, ob wir es wollen oder nicht. Dann müssen wir in Bewegung denken, aber gleichzeitig auch zahlreiche Handgriffe ausführen, bei denen es auch nicht ohne Nachdenken abgeht. Das heißt: Nachdenken in der Bewegung und auf zwei nicht nur zeitlich getrennten Denkebenen.

Aber auch wenn wir alle Segel bergen, ist dieser Zustand nicht gleichbedeutend mit dem am Straßenrande abgestellten Auto. Der Wind behält uns weiter in seiner Gewalt, er treibt uns auch ohne Segel über das

135

Wasser, und ein krängendes oder stampfendes Boot, das auf einer Berg- und Talbahn und meistens nicht in jener Richtung dahingleitet, die wir als normale „Fahrtrichtung" bezeichnen, ist kein guter Denkplatz. Erfahrungsgemäß hat eine nicht ganz seefeste Crew dann auch ganz andere Sorgen.

Das unterschiedliche Gehalt, das Busfahrer oder Zugführer gegenüber Kapitänen oder Piloten beziehen, ist letztlich durch die unterschiedliche Kunst des Heimkommens bedingt: Es ist nicht schwer, im Notfall einfach anzuhalten und zu warten. Es erfordert viel mehr Erfahrung und mehr detaillierte Kenntnisse, mehr Geistesgegenwart und auch mehr Mut, unter allen Bedingungen und bei welchen Ausfällen von Material und Menschen auch immer ein schwimmendes Gefährt sicher an sein Ziel zu bringen. Auf See gibt es keinen Parkplatz, aber da das Sinken eines Schiffes länger dauert als der Absturz eines Flugzeuges und die sofortigen Entscheidungen in der Luft mit noch mehr Blitzesschnelle getroffen werden müssen, wird der Beruf eines Flugzeugführers höher bewertet. Die konzentrierte Denkarbeit eines Boots- oder Schiffsführers, der mit seiner Besatzung sicher heimkommen will, kann demgegenüber aber viel, viel länger dauern.

Wer hinaussegelt, muß wissen, was ihn erwartet. Ein Jollensegler, der vom Strand auf die freie See hinaussegelt, muß nur für eine Meile oder eine Stunde weiterdenken. Der Schipper einer Kreuzeryacht hingegen muß sich für Hunderte von Meilen und tagelange Fahrten wappnen. Die Verantwortung ist dabei für den Jollenschipper nicht geringer als für den Kreuzerkapitän; denn die Gefahr beginnt immer dort, wo der Segler die Wasserscheide verläßt und die Planken betritt.

Der Gegner ist dabei nicht der örtliche Wind, der am Ufer friedlich sein kann, weil es ablandig weht und die Geschwindigkeit dieses „scheinbaren" atmosphärischen Windes durch die Seewind-Einflüsse so stark vermindert ist. Sein Freund oder Gegner ist zuerst einmal der wahre atmosphärische Wind auf dem Revier, das er aufsuchen will; er kann durch örtliche Einflüsse viel grimmiger sein, als er an Land aussieht.

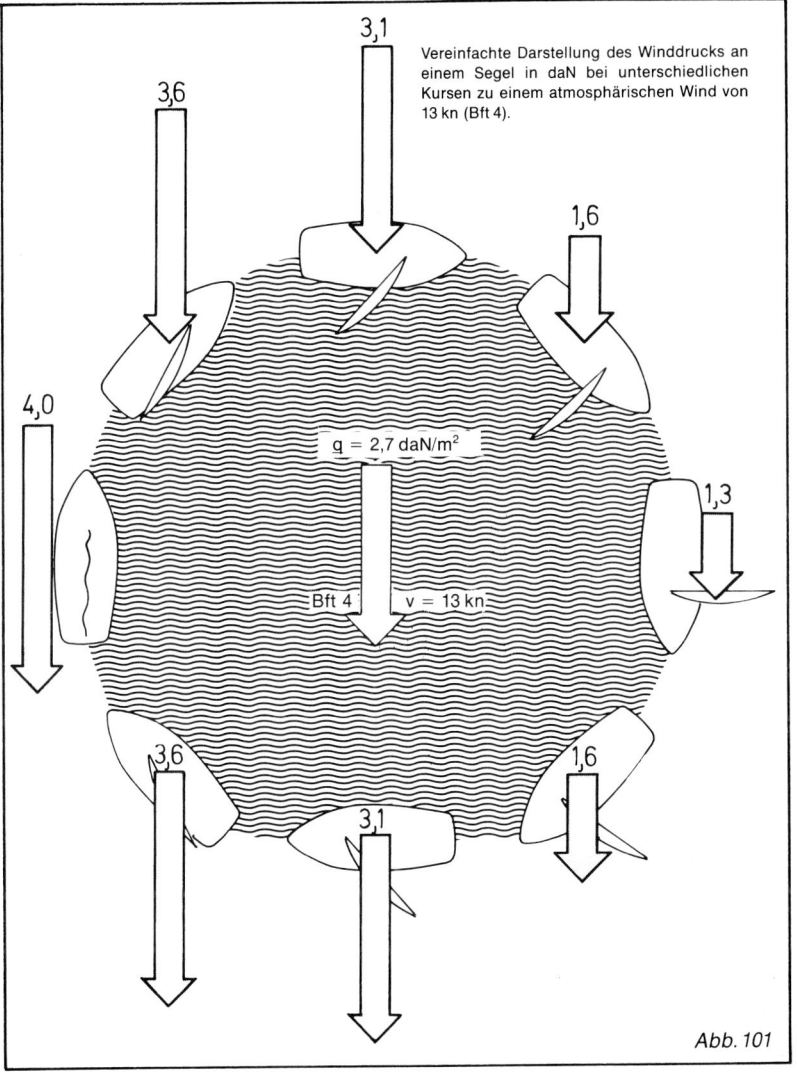

Vereinfachte Darstellung des Winddrucks an einem Segel in daN bei unterschiedlichen Kursen zu einem atmosphärischen Wind von 13 kn (Bft 4).

$q = 2,7 \ daN/m^2$

Bft 4   v = 13 kn

Abb. 101

137

Der Partner aber ist dann der Segelwind an Bord, der relative Wind – und er kann uns wie jeder gute Schauspieler in mannigfaltiger Verkleidung entgegentreten (Abb. 101): Schläfrig vor dem Wind, sanftmütig auf Raumschotskursen, freundlich, wenn wir hart-raum segeln, grimmig beim Kreuzen und brutal, wenn wir aufschießen – so kann er sein!

Dieses Wind-Karussell muß sich ganz fest in unser Gedächtnis geprägt haben, bevor wir die Leinen loswerfen. Der relative Wind kommt auf allen Kursen nicht nur aus unterschiedlichen Richtungen (Abb. 102), wir fühlen ihn nicht nur mit unterschiedlicher Geschwindigkeit, er hilft oder schlägt uns auch mit unterschiedlicher Kraft. Wir haben in Abbildung 101 nur den Wind*druck* eingezeichnet, wenn er bei der entsprechenden Geschwindigkeit des relativen Windes arbeitslos und wütend auf eine senkrechte Fläche trifft (mit einem Beiwert von 1,0). Aber auch dieser Unterschied von 1,3 daN/m^2 bei achterlichem und 4,0 daN/m^2 bei vorlichem Wind ist groß. Wehe, wenn er auf diesen Kursen noch unser Segel (im·wahrsten Sinne des Wortes) „voll zu fassen kriegt", d. h. an ihm wie an einem Tragflügel entlangstreichen und mehr Kraft erzeugen kann: dann bleibt zwar seine Leistung auf Vorwindkursen mit 1,3 daN/m^2 bei dieser atmosphärischen Windgeschwindigkeit von 13 kn annähernd gleich, aber auf Amwindkursen erhöht sie sich auf 6,0 daN/m^2.

Zahlen verdeutlichen besser als Worte, mit welchem Wachstum der kinetischen Energie des Windes wir bei unserer fröhlichen Karussellfahrt rechnen müssen – rechnen im doppelten Sinne des Wortes: Jeder verantwortliche Skipper muß die Belastungen kalkulieren, denen sein Boot an diesem Tage und auf diesem Revier ausgesetzt sein kann – und er muß damit rechnen, sich gegen diese Belastung zu wehren und sich ihr gegenüber zu behaupten. Diesen „Steckbrief unseres Phänomens" muß er nicht zu Papier bringen, bevor er auf die Reise geht; aber er muß ihn sich so genau und so deutlich einprägen, wie es seine Vorstellungskraft erlaubt.

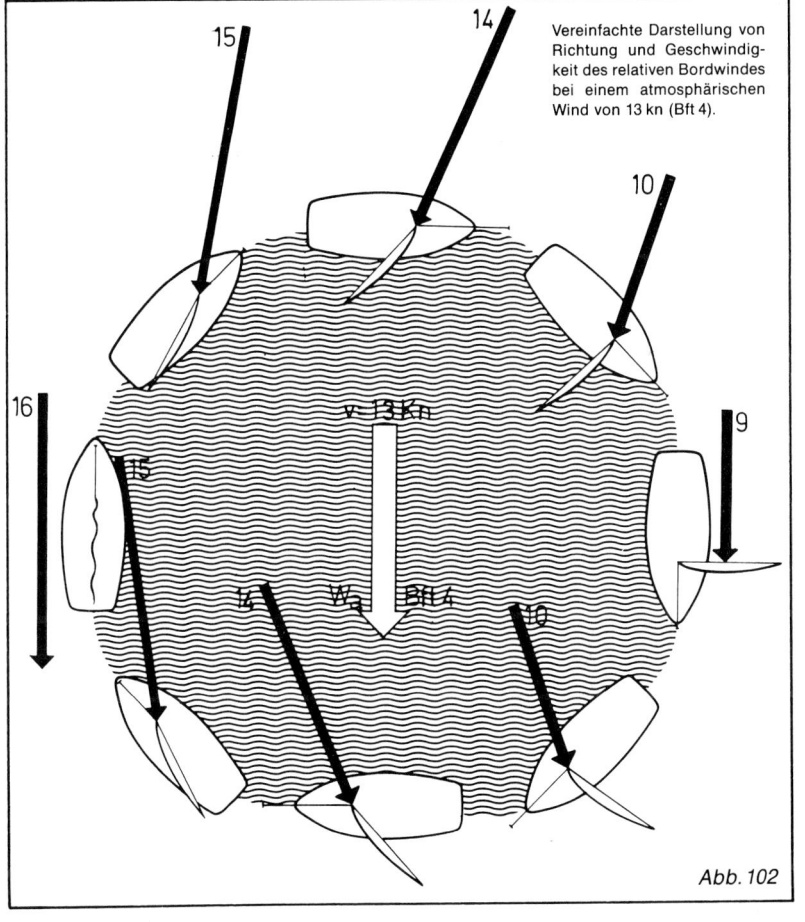

Vereinfachte Darstellung von Richtung und Geschwindigkeit des relativen Bordwindes bei einem atmosphärischen Wind von 13 kn (Bft 4).

Abb. 102

Ökonomie des Segelwindes

Mit Geld umzugehen lernen wir von Kindheit an. Wir kennen seinen Wert, haben nie genug davon und werden so ganz zwangsläufig nach dem ökonomischen Prinzip erzogen, mit einer gegebenen Summe den größten Nutzen oder einen gewünschten Gegenstand mit der geringstmöglichen Ausgabe zu erwerben. Niemand verplempert sein Geld, es sei denn, er hätte genug davon. Aber gerade erfolgreiche Leute verdanken ihren Wohlstand letztlich der Tatsache, daß sie immer sparsam und auf Heller und Pfennig genau rechnen.

Mit Wind umzugehen lernen manche Segler nie. Die Natur liefert ihn ja in unerschöpflicher und immer neuer Menge, und nur die Rennsegler sind an ein ökonomisches Prinzip gebunden: Sie müssen mit den Booten einer Einheitsklasse und unter den gleichen atmosphärischen Wetterbedingungen auf der Regattabahn versuchen, schneller zu segeln als die anderen und eher ans Ziel zu kommen. Wirtschaftlich betrachtet heißt ihr Bestreben: mit einem gegebenen Aufwand den höchstmöglichen Ertrag zu erzielen. Sie sind es denn auch, die zwar nicht mit dem Pfennig rechnen (der ehrgeizige Regattahase scheut da keine Ausgabe, wo es um Silberpötte geht), aber sie kalkulieren doch sehr scharf mit jedem Zehntel Knoten oder jedem halben Meter/Sekunde Windgeschwindigkeit, mit jedem Prozent Segelwölbung und mit jedem Grad Anstellwinkel ihres Segels zum Wind, um nach einem oft stundenlangen Rennen jenes winzige Mehr von mindestens einer sicheren Bootslänge vor ihren Konkurrenten im Ziel zu erreichen.

Rennsegler verlassen sich bei ihrer Wind-Ökonomie weitgehend nur auf ihr Gefühl und ihre Erfahrung – mit (theoretischen) Kräften und Werten rechnen sie selten. Diese Arbeit bleibt den Konstrukteuren vorbehalten. Aber diese haben meistens keine Ader, komplizierte Kalkulationen auf so einfache Nenner zu bringen, daß sie auch der Segler Gustav oder Otto Normal-Wind-Verbraucher verstehen und verwenden kann. Dabei ist es gar nicht so schwer, wenn man den Mut hat, die gleichen Zahlen (unter Vernachlässigung von winzigen Dezimalstellen) zu benutzen und soweit wie möglich auf die zwar nicht so exakte, aber viel anschaulichere zeichnerische Darstellung zurückzugreifen.

Unsere modernen und schnellen Jollen und unsere nicht minder leichtfüßigen und erstaunlich seetüchtigen Seekreuzer sind heute einfach zu kompliziert geworden, um das windökonomische Prinzip zu mißachten, und letztlich hängt die Sicherheit binnen und buten, auf großen und kleinen Booten von zahlreichen, miteinander verschwisterten Regelvorgängen ab, mit deren Hilfe wir Angebot und Nachfrage, Gewinn und Verlust, Soll und Haben wie in jeder Haushalts- oder Betriebsführung kontrollieren können.

Die Windenergie ist zwar kostenlos, aber jeder Segler weiß, daß ein Zuviel (in schwerem Wetter) genauso schädlich ist, wie ein Zuwenig in flauen Winden unsympathisch ist. Dem Wind in leichtem Wetter mehr Energie zu entlocken und sie ihm in schwerem Wetter aus Gründen der Sicherheit zu nehmen – das ist das Ziel unserer Wind-Ökonomie, bei der wir auf Zahlen wie in Technik und Wirtschaft (leider) nicht verzichten können, aber auch (absichtlich) nicht verzichten wollen.

So kalkulieren wir die Kraft des Segels

In den Abbildungen 77–84 (siehe Seite 106), hatten wir gesehen, wie sich die Geschwindigkeit des relativen Windes, mit dessen Energie wir unseren „Windmotor" betreiben, auf den unterschiedlichen Kursen zum Wind änderte. Jetzt wollen wir einmal kalkulieren, was diese Windenergie tatsächlich wert ist, welche Kraft sie an unseren Segeln erzeugt und welchen Nutzen wir davon haben, wenn wir unter Segeln langsam oder schnell fahren.

Wenn man mit dem Quadrat der Windgeschwindigkeit in m/s eine Segel-

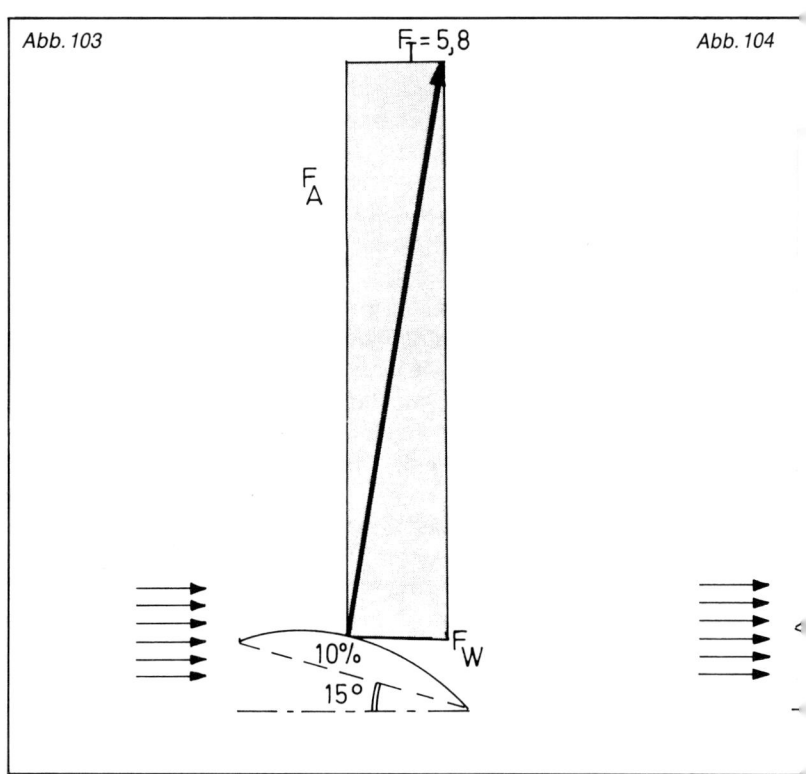

Abb. 103 $F_T = 5,8$ Abb. 104

kraft in daN/m² berechnen will, muß man den dynamischen Druck oder Staudruck mit einem Beiwert aus einem unserer Polardiagramme für die speziellen Eigenschaften eines Segelprofils multiplizieren. Für den dynamischen Druck wollen wir 0,0628 als Konstante der „halben Luftdichte" unter normalen Bedingungen von Temperatur und Luftdruck annehmen. Wir wollen mit den entsprechenden Beiwerten der Abbildungen 48 bzw. 69 rechnen, in denen wir das Verhalten vergleichbarer flacher und bauchiger (Segel-)Profile bei allen möglichen Anstellwinkeln zum (relativen)

142

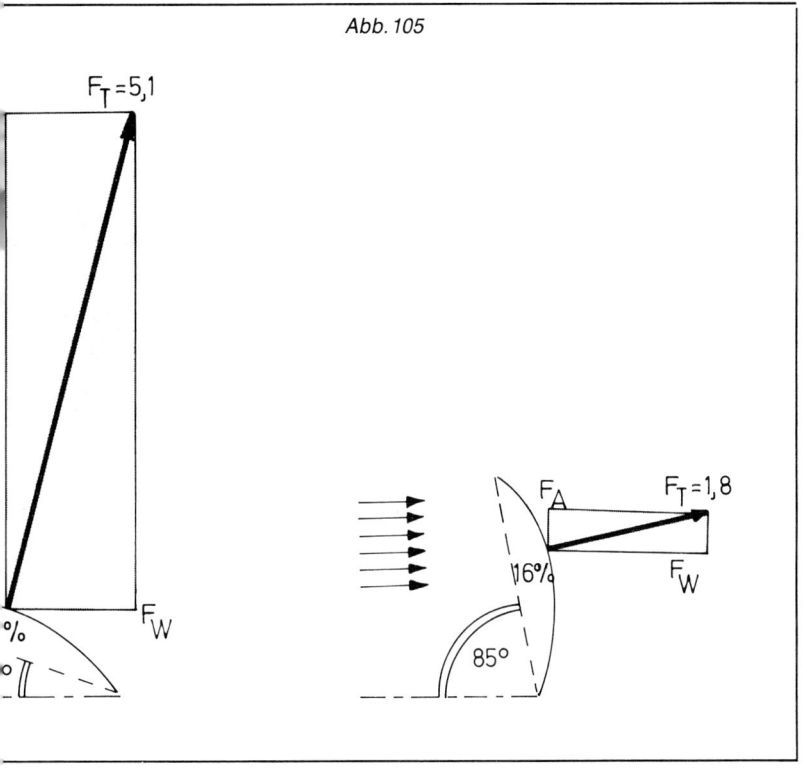

Abb. 105

Wind festgehalten haben. Der Einfachheit halber wollen wir alle Ergebnisse auf einen Quadratmeter Segelfläche beziehen, so daß es jedem Leser möglich ist, die erhaltenen Werte auch auf sein Boot unter den gleichen Windbedingungen anzuwenden, indem er sie einfach mit seiner Segelfläche (in m²) multipliziert. So ergibt sich:

Ungefähre Segelkraft in daN/m² = Beiwert × halbe Luftdichte × Quadrat der Windgeschwindigkeit

Wir wollen die Kalkulation bewußt vereinfachen, weil sie für Anwendungstechniker an Schot und Pinne bestimmt ist, und auf alle weiteren, im Verlauf der Rechnung doch zu kürzenden Benennungen verzichten. Bereits bei Erläuterung der Abbildung 48 hatten wir gesehen, daß die Gesamtkraft des Windes aus zwei Komponenten berechnet und dargestellt wird, dem Auftrieb und dem Widerstand des Segels. Wir müssen aber nicht zwei Kalkulationen machen, aus denen wir dann die Gesamtkraft ermitteln, sondern können auch mit dem Gesamtkraft-Beiwert C_T direkt arbeiten (s. Abb. 70–72). Er liefert uns auch die Richtung, um die kalkulierte Kraft im Segeldruckpunkt anzutragen.

Sammeln wir zuerst die Werte, die wir benötigen, um die Kraft unseres Segels auf einem Amwindkurs (vgl. Abb. 79) mit einer relativen Windgeschwindigkeit von 15,7 kn bzw. 7,85 m/s zu berechnen: Aus Abbildung 48 entnehmen wir einen Beiwert C_T von 1,5, wenn das Segel mit seinem optimalen Anstellwinkel von 15° arbeitet (vgl. Abb. 52 und 70). Das Quadrat der Windgeschwindigkeit ist 61,6. Wir rechnen:

$$\text{Segelkraft } F_T = 1{,}5 \times 0{,}0628 \times 61{,}6$$
$$= \text{ca. } 5{,}8 \text{ daN/m}^2$$

Fazit: Auf einem Amwindkurs erzeugt jeder Quadratmeter Segelfläche unserer Jolle eine Segelkraft von 5,8 daN. Diese Gesamtkraft des Segels zeichnen wir ein (Abb. 103). Wie groß der Anteil der Auftriebs- und Widerstands-Komponenten an ihr ist, läßt sich ablesen. Diese beiden Kräfte F_A und F_V sind für uns aber nur noch von akademischem Interesse. Bei der Anwendungstechnik können wir sie außer acht lassen, weil uns nur noch die Richtung und Größe der Gesamtkraft F_T interessiert und der Nutzen (F_V) an nützlichem Vorschub, den sie uns bringt, um auf dem Wasser fahren zu können.

Wer selbst weiterrechnen will, um die Segelkraft an seinem eigenen Boot zu ermitteln, muß also nur mit Hilfe eines Windmessers an Bord die Geschwindigkeit des relativen Windes messen, wenn sein Segel richtig getrimmt ist, und er kann dann diese Kalkulation für jede Windgeschwindigkeit auch allein machen. (Natürlich gelten diese Beiwerte nicht für jedes Segel. Aber sie haben als Erfahrungswerte doch ausreichende Gültigkeit, um wenigstens dem Anwendungstechniker als eine Handhabe zu dienen, entsprechende Kalkulationen anzustellen. Der Einfluß von Toleranzen ist ohnehin unbedeutend, weil wir ja mit konstanten Beiwerten arbeiten.) Sie interessieren ihn nicht nur in bezug auf die Kraft, die sein Windmotor erzeugt, sondern auch auf die Belastung, unter der Mast und Wanten, Spannschrauben und Schäkel sowie andere Teile des stehenden und laufenden Gutes dabei stehen.

Da wir jedoch nicht nur auf Amwindkursen segeln, für die wir meistens unsere Segel flacher trimmen, sondern auch raumschots und dann mit einem entsprechend bauchiger getrimmten Segel laufen, wollen wir noch eine zweite Kalkulation für das in Abbildung 71 gezeigte Segel mit einer Wölbung von 16% bei einem gleichzeitig vergrößerten Anstellwinkel von ca. 20° folgen lassen.

Wieder sammeln wir die Werte: Aus Abbildung 80 entnehmen wir die Geschwindigkeit des relativen Windes mit 13,8 kn oder 6,9 m/s; das Quadrat der Windgeschwindigkeit ist 47,6. Aus Abbildung 69 entnehmen wir einen Gesamtkraft-Beiwert C_T von 1,7 und rechnen wie vorher:

$$\text{Segelkraft } F_T = 1{,}7 \times 0{,}0628 \times 47{,}6$$
$$= \text{ca. } 5{,}1 \text{ daN/m}^2$$

Wir tragen auch diese Werte in einer Zeichnung (Abb. 104) ein.

In beiden Fällen hat unser Segel als „Windmotor" gearbeitet, weil es als Tragflügel (mit großem Auftrieb und wenig Widerstand) in jenem günstigen Winkel zum Wind getrimmt war, auf dem es seine größte Leistung erbrachte. Dies ist aber, wie wir wissen, nicht auf allen Kursen der Fall. Wir wollen daher noch einmal jenen Kurs unter die Lupe nehmen, auf dem das Segel nur als „Windfang" arbeitet und unser Boot („wie ein Holzschuh") vom Winde mitgenommen wird. Die entsprechenden Werte für die Windgeschwindigkeit liefert uns Abbildung 84: relativer Wind 9,6 kn oder 4,8 m/s, Quadrat der Windgeschwindigkeit 23,1. Den Gesamtkraft-Beiwert von 1,25 liefert uns das Diagramm der Abbildung 60. Wir rechnen:

$$\text{Segelkraft } F_T = 1{,}25 \times 0{,}0628 \times 23{,}0$$
$$= \text{ca. } 1{,}8 \text{ daN/m}^2$$

Anhand der Abbildung 105 ermitteln wir also die Gesamtkraft eines Quadratmeters Segelfläche auf diesem Kurs mit 1,83 daN/m². Ist das nicht ein gewaltiger Unterschied, was unser Windmotor auf unseren Kursen leistet?

Damit wissen wir aber erst, was der Windmotor unserer Jolle pro Quadratmeter Segelfläche auf den wichtigsten Kursen leisten kann. Viel mehr interessiert uns jetzt die Frage: Wie groß ist der Anteil dieser Gesamtkraft, der tatsächlich für den Vorschub in (annähernd) Kielrichtung ausgenützt wird, d. h. jene Kraft, die uns unsere Geschwindigkeit unter Segeln auf diesen Kursen erreichen läßt?

So läßt sich der nützliche Vorschub ermitteln

Auch hier wollen wir der Einfachheit halber mit Zeichnungen arbeiten. Wir übernehmen (zur besseren Veranschaulichung) nur Richtung und Größe der Gesamtkraft F_T, bringen sie in der entsprechenden Kursposition an unserem Segeldruckpunkt an und ermitteln in einem Kräfteparallelogramm die Komponente der Nutzkraft für die Vorwärtsfahrt F_V parallel zur Kursrichtung und die Komponente der schädlichen Krängungs- oder Querkraft F_Q senkrecht zur Kursrichtung. Um den Faden nicht zu verlieren und Sie nicht mit weiteren Kalkulationen zu langweilen, habe ich auch die Werte für alle übrigen Positionen der Abbildungen 77–84 ermittelt, die noch einmal in der Abbildung 85 zusammengefaßt waren, so daß (analog zu diesem) in den Abbildungen 106–115 die entsprechende Segelkraft bereits eingezeichnet ist.

Um Ihnen ein praxisnahes Gefühl zu geben, sind Wind und See so eingetragen, wie sie sich auf diesen Kursen an Bord zeigen: Das Wellenbild läßt uns erkennen, welche ungefähre Richtung der atmosphärische Wind hat, auf den sich unsere Kursbezeichnung bezieht. Den Winkel zwischen atmosphärischem und relativem Wind können wir in der Praxis ja ebenfalls nur aus dieser Wellenrichtung erkennen. Die einzige an Bord feststellbare relative Windrichtung zeigt der Verklicker an, und der andere sichtbare Wert ist der Winkel zwischen dem Verklicker bzw. den Wollbändseln im Want und dem Baum oder der Segelsehne, den wir bisher auch als „Anstellwinkel" bezeichnet haben. Analysieren wir jetzt die wichtigsten Kurse:

Der Amwindkurs

Die Schoten sind sehr dicht geholt, um so hoch wie möglich anzuliegen. Wir fahren ein flaches Segel mit einer Wölbung von ca. 10%, das mit optimalem Anstellwinkel von 15° arbeitet. Beiwert für die Segelkraft C_T (nach Abb. 48): 1,5. Wir kalkulieren für Abb. 106:

$$\text{Segelkraft } F_T = 1,5 \times 0,0628 \times 60 = \text{ca. } 5,7 \text{ daN/m}^2$$

und tragen diesen Wert analog zu Abbildung 103 am Druckpunkt unserer Segelfläche an. Wir erhalten eine nützliche Vorschub-Komponente von 2,2 daN/m^2 und einen unsympathischen Querschub von 5,2 daN/m^2. Der Anteil der nützlichen Kräfte an den tatsächlich erzeugten Segelkräften ist (bei diesem Wetter und) auf diesem Kurs also gering.
(Die Querkraft macht uns hierbei doppelt zu schaffen: Ihrer Seitenkraft F_{Lat} begegnen wir bekanntlich, indem wir unser Schwert fieren, während wir ihre Vertikalkraft F_{Lot} durch den Einsatz unseres lebenden Ballast-Gewichtes beim Ausreiten ausgleichen. Aber darauf wollen wir hier nicht näher eingehen.)
Wenn wir die Schoten geringfügig schricken, dann erhalten wir die Bedingungen an unserem Segel, die wir bereits in Abbildung 103 erläuterten. Dies ist der optimale Amwindkurs (Abb. 107), auf dem wir durch den besten Kompromiß zwischen Höhe und Geschwindigkeit ein Ziel in Luv am schnellsten erreichen. Die größere Geschwindigkeit des relativen Windes sorgt zwar schon für etwas größere Segelkraft, aber erst das Schricken der Schoten in Verbindung mit einer winzigen Kursänderung nach Lee ändert auch deren Richtung so günstig, daß wir allen Gewinn in einen stärkeren Vorschub von 2,3 daN/m^2 umsetzen können, ohne die schädliche Querkraft gegenüber Abbildung 106 zu vergrößern. Die Folge ist ein Geschwindigkeitsgewinn, der den Höhenverlust mehr als ausgleicht.

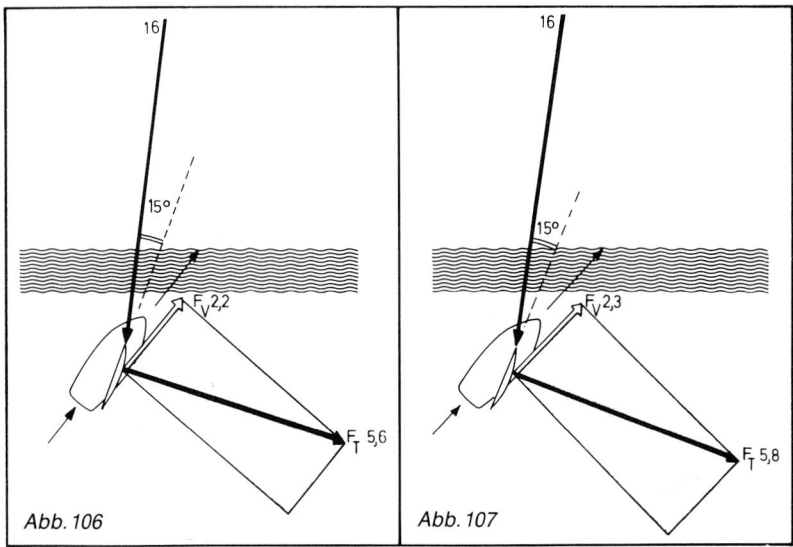

Abb. 106   Abb. 107

Hart-raum

Auf diesem Kurs sind die Schoten schon etwas weiter aufgefiert, und die Geschwindigkeit des relativen Windes hat sich vermindert. Die Gretchen-Frage auf diesem Kurs ist immer: Sollen wir noch mit einem flachen Segel weiterlaufen, oder können wir schon unsere Segel bauchiger trimmen? Prüfen wir dies und kalkulieren den Vorschub für ein flaches Segel (Abb. 108a) und für ein bauchiges Segel (Abb. 108b).

Das flache Segel (10% Wölbung) arbeitet mit einem optimalen Anstellwinkel von 15° und einem Kraft-Beiwert C_T von 1,5 (vgl. Abb. 70), das bauchige Segel (16% Wölbung) mit einem optimalen Anstellwinkel von 20°, bei dem wir einen Beiwert C_T von 1,7 ermittelt hatten (vgl. Abb. 71). Wir kalkulieren:

$$\text{Segelkraft } F_T = 1,5 \times 0,0628 \times 59,4$$
$$= \text{ca. } 5,6 \, \text{daN/m}^2 \text{ für das flache Segel und}$$
$$\text{Segelkraft } F_T = 1,7 \times 0,0628 \times 59,4$$
$$= \text{ca. } 6,3 \, \text{daN/m}^2 \text{ für das bauchige Segel.}$$

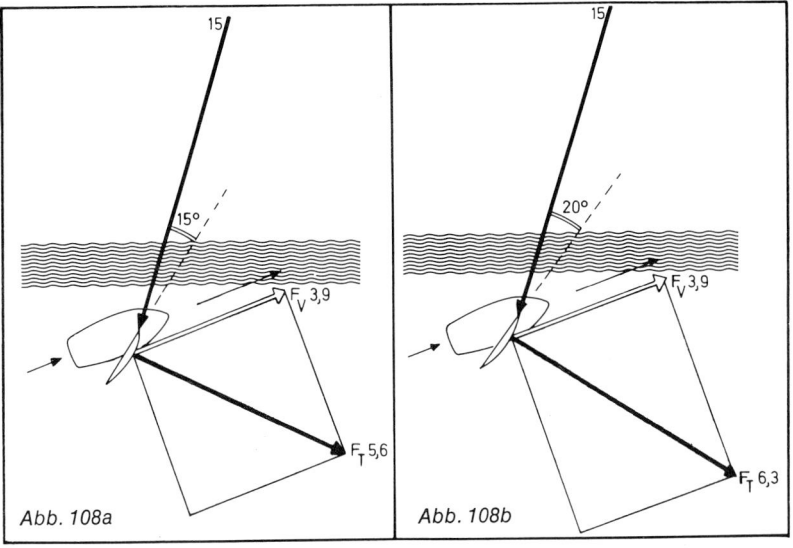

Abb. 108a   Abb. 108b

Das bauchige Segel leistet also 13% mehr. Aber nützt es uns auch mehr? Auch hier erkennen wir, wie winzige Änderungen die Ursachen für große Wirkungen sein können: Die kleinere Gesamtkraft des flacheren Segels, dessen Schoten etwas weiter aufgefiert sind, wirkt um einige Grade günstiger in Fahrtrichtung als die größere Kraft des bauchigeren Segels, das durch den größeren Anstellwinkel dichter geholt werden muß. Der Vorschub, den beide Segel liefern, ist mit 3,9 daN/m^2 gleich. Da das bauchigere Segel aber gleichzeitig einen um 25% größeren Querschub liefert, erweist sich ein bauchiges Segel auf diesem Kurs und bei diesen Windverhältnissen noch nicht als empfehlenswert.

Auf Höchstfahrt-Kurs

Die Geschwindigkeit des relativen Windes vermindert sich weiter, und wir können das bauchige Segel voll ausnutzen (Abb. 109). Die Berechnungen hatten wir bereits zu Abbildung 104 erledigt, so daß wir nur feststellen

149

können: Die Vorschub-Komponente ist auf 4,6 daN/m^2 kräftig angewachsen, während sich gleichzeitig die Querschub-Komponente auf 2,8 daN/m^2 deutlich vermindert hat. Unsere Jolle läuft mit 5,4 kn oder 10,0 km/h Höchstgeschwindigkeit bei diesem (mittleren) Wetter und ihrer normalen Amwindbesegelung. Sie hat damit gleichzeitig die Grenze ihrer Verdrängerfahrt erreicht und kann (mit mehr Wind, mehr Segelfläche und guter Segeltechnik der Besatzung) ins Gleiten gebracht werden.

Die Leistung unseres Windmotors in Kilowatt

Mit dem Begriff der kW-Leistung gehen wir täglich um; er ist uns ein vertrauter Meßwert: Ob Auto- oder Bootsmotor, Moped- oder Schiffsantrieb – durch Vergleich der kW-Angaben läßt sich die Leistung jeder Maschinenanlage verständlich erfassen und auch miteinander vergleichen.

Bei unserem „Windmotor" haben wir bisher noch keine Beziehung zu einer kW-Leistung hergestellt. Wir haben im Gegenteil ausschließlich mit Luftkräften gerechnet, die in daN/m^2 angegeben waren, und damit praktisch mit zweierlei Maß gemessen. Manchem wird es auch scheinen, als ob hier überhaupt keine Beziehung zwischen der Leistung unseres mit Windenergie betriebenen Segels (in daN/m^2) und unseres mit Vergaserkraftstoffen gefütterten Bootsmotors (in kW) herzustellen wäre, obwohl er sich andererseits denken könnte, daß zwischen der Leistung unseres Flautenschiebers, der am Heck angehängt wird und das Wasser quirlt, wenn kein Wind weht, und der Leistung unserer Segel, wenn der Wind weht, irgendwelche Beziehungen bestehen müßten.

Natürlich bestehen sie, aber wir haben noch nicht die Brücke gebaut, um einen Leistungsmaßstab in den anderen umzurechnen. Unser Hilfswert ist hierzu der Vorschub, den wir auf den unterschiedlichen Kursen zum atmosphärischen Wind betrachten. Benutzen wir ihn daher in dieser Raumschots-Position (Abb. 109), um eine Brücke zu bauen vom Leistungsbegriff in daN zu einem Meßwert mit kW und fragen: Wie groß ist dieser Vorschub, wenn man ihn in Kilowatt mißt?

Für diese Berechnung der Leistung unserer Segel benutzen wir die Beziehung Watt = Newtonmeter pro Sekunde und rechnen:

Leistung in W = Vorschub in N × Bootsgeschwindigkeit in m/s

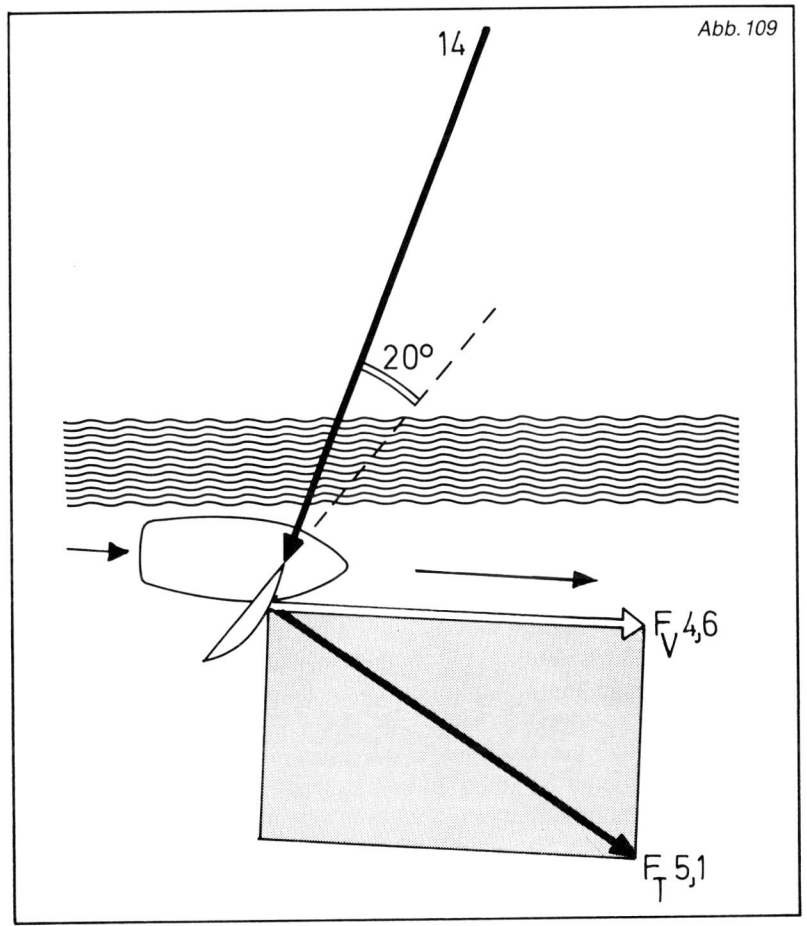

Abb. 109

Unsere Jolle hat 10 m^2 Segelfläche. Wir kalkulieren einen Vorschub von 4,6 daN/m^2 oder 46 N/m^2. So erhalten wir einen Gesamt-Vorschub von 460 N. Ihre Bootsgeschwindigkeit von 5,4 kn wird in 2,7 m/s umgewandelt, und wir rechnen:

$$460 \times 2,7 = 1242 \text{ Watt oder } 1,24 \text{ kW oder } 1,69 \text{ PS.}$$

Auf den ersten Blick scheint dies eine geringe Leistung zu sein (Abb. 110); aber tatsächlich ist es ja, wenn man sie mit der Leistung unseres Bootsmotors vergleicht, die vergleichbare Schubkraft, die auch er der Fortbewegung unseres Bootes zugute kommen läßt.

Bekanntlich werden beim Motor von der Brennstoff-Energie, die wir in den Tank füllen und für die Bewegung unseres Bootes nutzen wollen, durch Kühlwasser, Auspuff, Luftfilter, Hilfsaggregate, Getriebe und Propeller über 75% aufgezehrt. Dreiviertel des Aufwandes müssen also auch hier als Betriebskosten abgesetzt werden.

Bei unserem Windmotor ist es ja nicht anders; wir haben uns bewußt weniger mit den Widerständen beschäftigt, also den *Unkosten*, die wir sparen können, um zuerst einmal an die Energiegewinnung selbst und damit an den *Umsatz* zu denken. Alle diese „Mitesser" der Widerstände sind also auch hier schon „abgespeist".

Der tatsächliche Vorschub eines Bootsmotors beträgt also nur ca. ¼ der injizierten Energie, und wenn wir als Leistung unserer 10-m^2-Jolle bei Beaufort 4 auf diesem Kurs von 95° zum atmosphärischen Wind einen Vorschub von ca. 1,24 kW errechnen können, so entspricht dies der Nennleistung eines Außenbordmotors von ca. 5 kW, oder anders: Unser Segel leistet als „Windmotor" ca. 5 kW, von denen 1,24 kW oder 25% als tatsächliche Schubkraft der Fortbewegung unserer Jolle zugute kommen.

Unsere langsamen Bootsgeschwindigkeiten unter Segel werden natürlich mit relativ geringen kW-Leistungen erreicht. Betrachten wir jedoch ein schnelles, großes Mehrrumpfboot, zum Beispiel die „Cross bow", die es mit ca. 80 m^2 Segelfläche immerhin auf 26 kn brachte, dann war dies bei einer Geschwindigkeit des relativen Windes von ca. 32 kn möglich. Sie erzeugte hierbei einen Vorschub von 11 daN/m^2, d. h. ca. dreimal so viel wie unsere Jolle bei ihrer Höchstgeschwindigkeit von 5,4 kn. Die kW-Leistung der „Cross bow" war hierbei jedoch zehnmal so groß, wie folgende Rechnung zeigt: Vorschub für 80 m² Segelfläche 880 N. Bootsgeschwindigkeit 26 kn oder 13 m/s.

Leistung $= 880 \times 13 = 11\,440$ W oder 11,44 kW oder 15,56 PS

Ein Wert in Kilowatt bleibt natürlich abstrakt. Verwandeln wir ihn in die früher gebräuchlichen Pferdestärken = PS, wird er anschaulicher. Denn optisch sehen diese 16 „Pferde" (Abb. 111) schon besser aus. Gehen wir von den gleichen Überlegungen wie zu Abbildung 109 aus, dann entspricht die Leistung dieses Windmotors einer Vergaser-Kraftmaschine von ca. 45 kW oder 60 PS. Diese Werte lassen sich schon besser vergleichen, wenn man sie so schreibt: „Ein Segelboot erreichte mit einem 60-PS-(45-kW-)Windmotor eine Geschwindigkeit von fast 50 km/h."

Abb. 110

Das Segel einer 10-m²-Jolle leistet bei Bft 4 so viel wie ein 5-kW-Außenborder.

153

Raumschots vermindert sich die Leistung unseres Segels deutlich

Prüfen wir jetzt den Vorschub unseres Bootes, den die Segelkraft auf raumen Kursen erzeugt: In Abbildung 112 steuert unsere Jolle einen Raumschotskurs von ca. 120° zur Windachse. Die Geschwindigkeit des relativen Windes hat sich auf 11,4 kn oder 5,7 m/s vermindert, aber das optimal umströmte bauchige Segel erzeugt noch eine Gesamtkraft von

$$Fr = 1,7 \times 0,0628 \times 32,5$$
$$= \text{ca. } 3,5 \, \text{daN/m}^2.$$

Sie wirkt fast genau in Fahrtrichtung, so daß die Vorschub-Komponente mit 3,4 daN/m^2 annähernd so groß wie die Gesamtkraft ist; ein Querschub macht sich kaum noch bemerkbar.

Unsere Jolle segelt auf diesem Kurs fast genauso schnell wie auf ihrem Höchstfahrt-Kurs mit 95° zur Windachse, und sie wird mit mehr Segelfläche diese Geschwindigkeit noch steigern können. In diesem weiten Bereich liegt also – abhängig von Bootstyp und Windgeschwindigkeit – der Höchstfahrtbereich mit und ohne Gleitgeschwindigkeit.

Raum – achterlich

Der relative Wind hat sich weiter auf 9,7 kn = 4,85 m/s vermindert. Gleichzeitig aber hat das Segel auf diesem Kurs seinen optimalen Anstellwinkel verloren. Jetzt trifft der Wind in einem Winkel von 31° auf das Segel

Abb. 111

(Abb.113). Aus der laminaren Strömung wird eine turbulente Strömung, und der kleinere Beiwert C_T von ca. 1,5 (nach Abb.89) zeigt uns diese verminderte Leistung an:

$$F_T = 1,5 \times 0,0628 \times 23,5$$
$$= \text{ca. } 2,2 \text{ daN/m}^2$$

Diese Gesamtkraft wird voll in Vorschub verwandelt.
Auch hier wollen wir einen Augenblick verweilen und nachdenken: Die Höchstgeschwindigkeit hatten wir bei diesem Wetter in Abbildung 109

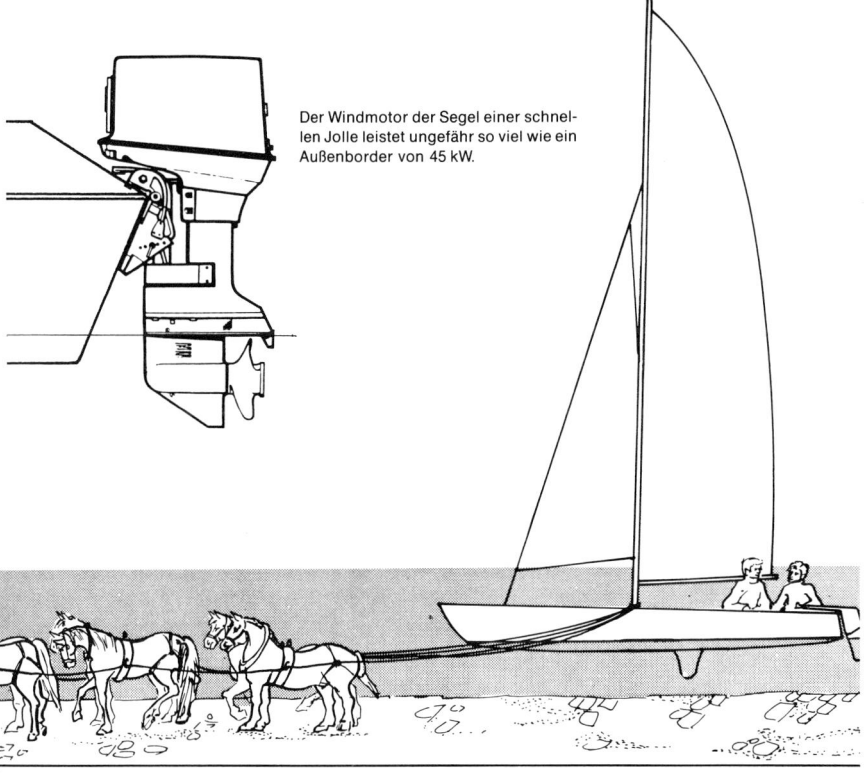

Der Windmotor der Segel einer schnellen Jolle leistet ungefähr so viel wie ein Außenborder von 45 kW.

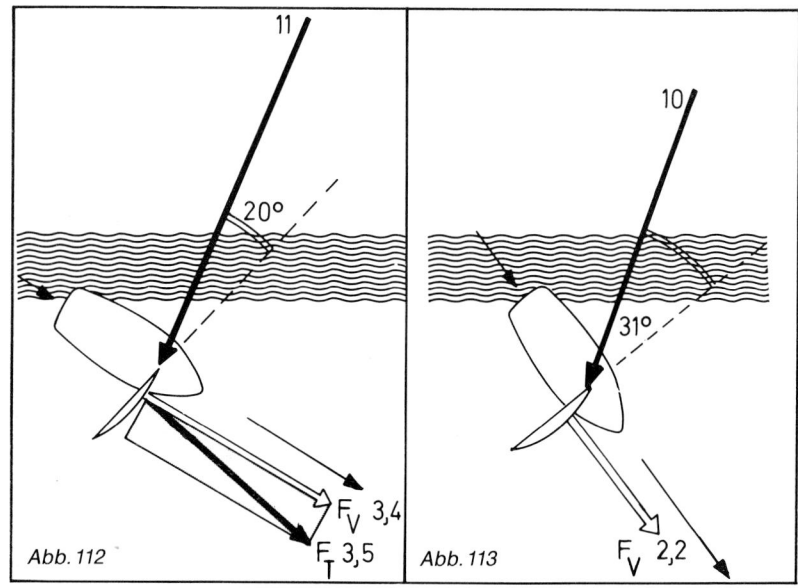

Abb. 112 F_V 3,4 F_T 3,5   Abb. 113 F_V 2,2

mit 5,4 kn erzielt und hierfür einen Vorschub von 4,6 daN/m² aufwenden müssen. Unsere Jolle trägt 10 m² Segelfläche, d. h. sie lief ihre Höchstfahrt mit einem Gesamt-Vorschub von 46 daN. Auf diesem raumen Kurs erzeugt unsere normale Amwindbesegelung nur einen Vorschub von insgesamt 22 daN, also knapp die Hälfte. Wir können also die Segelkraft auf diesem Kurs unbedenklich verdoppeln, um die gleiche Höchstgeschwindigkeit wie in Abbildung 109 zu erzielen.

Diese „Verdoppelung der Segelkraft" muß nicht unbedingt eine Verdoppelung der Segelfläche bedeuten; ein Spinnaker ist (bei gleichem Anstellwinkel) ein besserer Windverwerter, wie wir noch genauer sehen werden, und er könnte schon mit nur ca. 70% vergrößerter Segelfläche dazu beitragen, daß die Gesamtkraft auf 200% erhöht und damit auch der Vorschub verdoppelt wird, um Gleitfahrt zu erreichen.

Bei einer Gleitjolle, die ihr Wellensystem verlassen kann, sind zögernde Überlegungen von untergeordneter Bedeutung; bei solchem Wetter kann

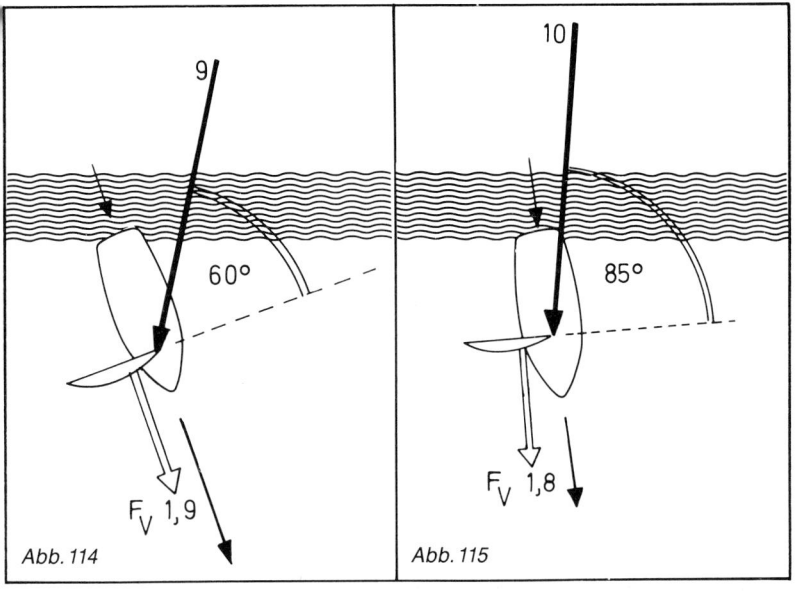

Abb. 114   Abb. 115

man auf diesem Kurs unbedenklich mehr Segel führen, wenn die Crew dazu die nötige Erfahrung hat. Bei einer Verdränger-Jolle (z. B. unserem Piraten oder jedem Kielboot, für das ja sinngemäß die gleichen Überlegungen gelten) haben solche richtigen Kalkulationen oft den Wert eines Mastes: Sie dürfen nicht über ihre maximale Verdrängerfahrt hinaus (s. Abb. 118) beschleunigt werden.

Vor dem Wind

Die relative Windgeschwindigkeit ist weiter auf 9 kn bzw. 4,5 m/s abgeflaut (Abb. 114). Auch der Anstellwinkel hat sich auf 60° vergrößert, und wir müssen trotz des bauchigen Segels mit einem wiederum verminderten Beiwert von nur 1,4 kalkulieren:

$$F_T = 1,4 \times 0,0628 \times 20,3$$
$$= 1,8 \; daN/m^2$$

157

Bei diesem geringen Vorschub auf dem günstigsten (Umweg-)Kurs nach Lee ist es nicht nur angebracht, sondern sogar notwendig, alle verfügbaren Beisegel-Kombinationen zu verwenden. Aber natürlich ist die Gesamt-Segelfläche begrenzt, und es ist eine Sache der Erfahrung, wie viele Segel man neben- und hintereinander setzt. Aber mit Hilfe von Spinnaker, Stagsegeln usw. kann man trotz des großen Anstellwinkels von 60° die Laminar-Strömung an der Leeseite des Großsegels verbessern und damit vor allem die „Güteklasse", d. h. den Beiwert der Luftkraft, verbessern, um mehr Fahrt zu laufen.

Die geringere Geschwindigkeit auf einem Kurs weitgehend platt vor dem Wind (Abb. 115) gibt uns zwar eine größere relative Windgeschwindigkeit von 9,6 kn oder 4,8 m/s, mit der wir bereits in Abbildung 105 gerechnet hatten. Dafür wird das Segel aber weitgehend vierkant angeblasen, so daß der tatsächliche Vorschub mit 1,83 daN/m^2 am geringsten ist.

Wenn wir dennoch mit einem geringeren Vorschub genauso schnell wie auf dem Kreuz-Kurs (siehe Abb. 107) sind, so spielen hier andere Einflüsse mit, die wir bewußt außer acht ließen: der Windwiderstand am Rigg und an der Takelage, der uns auf Amwindkurs hemmte, vor dem Wind aber begünstigt, und der Wellenwiderstand, den wir bei der Fahrt gegen die See überwinden müssen, der uns aber auf Kursen mit der See zusätzlich schiebt.

Wenn wir alle Einzelpositionen als neue Mosaiksteine zu einem Leistungsbild zusammensetzen, dann übersehen wir mit einem Blick, was unsere Jolle bei diesen Wetterbedingungen (Beaufort 4, 13 kn oder 6,5 km/s Windgeschwindigkeit) leisten kann.

Das Leistungsbild einer modernen Jolle

Es enthält Kurse und Bootsgeschwindigkeiten einer Jolle vom Typ 420 mit normaler Amwindbesegelung bei einer atmosphärischen Windgeschwindigkeit von 13 kn (Beaufort 4) und die in den Abbildungen 106 bis 114 im einzelnen genannten Komponenten Vorschub und Querkraft, in die wir die berechneten Segelkräfte zerlegten (Abb. 116). Wir stellen fest:

● Auf Amwindkursen (Pos. A und B) große Segelkräfte, von denen jedoch nur der kleinere Teil als Vorschub verwertet wird; sehr große Querkräfte. Größte Höhe (Pos. A) muß nicht immer der optimale Kurs nach Luv (Pos. B) sein.

● Nur die Boote A und B segeln am Wind, weil sie „vorteilhaft aufkreuzen". Alle übrigen Boote C bis G segeln raumschots.

● Mit zunehmender Kursänderung nimmt die nützliche Vorschub-Komponente zu, obwohl sich die Gesamtkraft des Segels vermindert.

● Ein raumer Kurs nach Luv (Pos. C) wird als „hart-raum" bezeichnet; dies ist der Grenzkurs, auf dem die Crew zwischen flachen und bauchigen Segeln wählen muß.

● Die größte Geschwindigkeit erreicht diese Jolle bei diesem Wetter auf einem raumen Kurs von 95° zur Windachse (Pos. D), auf dem der größte Vorschub erreicht wird.

● Auch Boot E segelt noch raumschots, weil das Segel hier ebenfalls noch optimal als Tragflügel umströmt wird und daher seine maximale Kraft leisten kann – jetzt jedoch mit verminderter Geschwindigkeit des relativen Windes und damit geringerer Kraft.

● Die Position F bezeichnen wir als „raum-achterlich", weil der weite Kurs nach Lee es nicht mehr gestattet, die Leistungsfähigkeit unseres Segels voll auszunutzen. Der optimale Anstellwinkel ist überschritten. Das Segel ist „überzogen". An der Leeseite vermindern turbulente Strömungen die Kraft.

● Vor dem Wind (Pos. G) arbeitet das Segel immer weniger als Tragflügel und immer mehr als Windfang. Aber wenn es gelingt, durch Zusatzsegel die Leeströmung hinter dem Großsegel zu aktivieren (wie wir es später noch genauer erklären werden), dann kann man auf diesem optimalen Leekurs ein in Windrichtung liegendes Ziel schneller erreichen, als wenn man „platt vor dem Laken" sich vom relativen Wind genau in Windachse mitnehmen läßt.

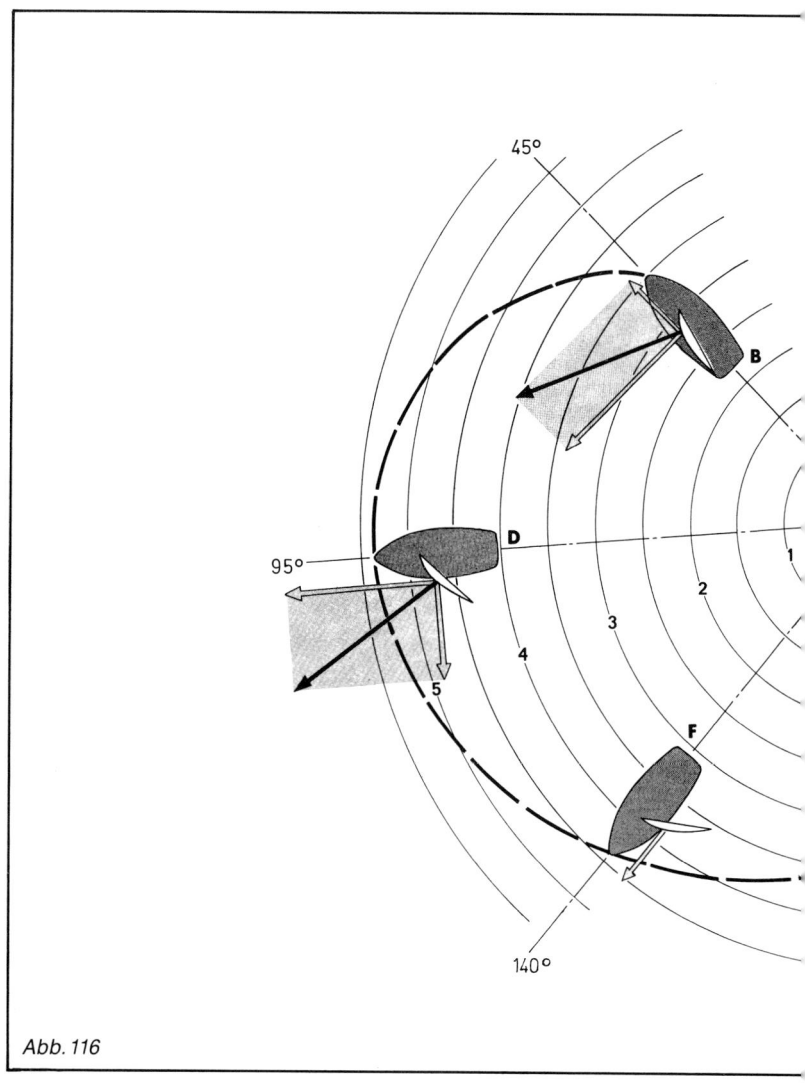

Abb. 116

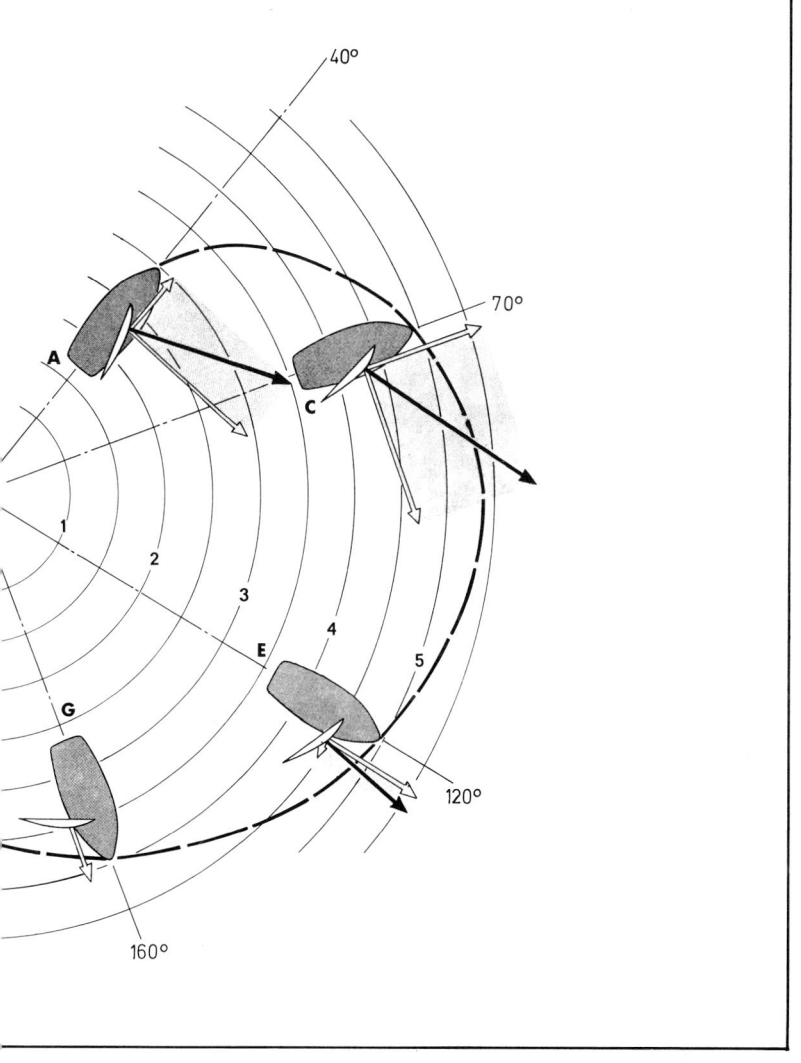

Nutzen und Schaden

Bekanntlich ist es das wichtigste Ziel sowohl des Konstrukteurs, der unser Boot entworfen hat, als auch der Crew, die ein Boot segelt, von der Gesamtkraft unseres Segels einen möglichst großen Vorschub (F_V) auszunutzen und die schädlichen Querkräfte (F_Q) so klein wie möglich zu halten. Wir haben die vom Segel erzeugte Luftkraft F_T für einen Quadratmeter Segelfläche berechnet und für die entsprechenden Geschwindigkeiten des relativen Windes bei einer atmosphärischen Windgeschwindigkeit von 13 kn mit ihren beiden Komponenten Vorschub (Vortriebskraft) und Seitenschub (Krängungskraft) in den Abbildungen 106 bis 114 eingetragen. Hier interessierte uns jedoch vorwiegend die Größe und Richtung der Gesamtkraft und ihre in Fahrtrichtung wirkende Vorschub-Komponente. Die schädlichen Querkräfte, die uns hauptsächlich durch ihre krängende Wirkung zu schaffen machen, wurden etwas stiefmütterlich behandelt.

Wie kräftig dieser Gegner ist und auf welchen Kursen er uns besonders zu schaffen macht, zeigt Abbildung 117, in der die Gesamtkraft (pro Quadratmeter Segelfläche) in einer fetten Kurve und die Vorschub-Komponente in einer gestrichelten Linie für die gleichen Kurse dargestellt sind. Zwischen beiden liegt (im hellen Rasterbereich) das „schädliche Gebiet".

Ein großer Nutzen für den Vorschub zahlt sich hoch am Wind (Pos. A und B) nur aus, wenn die überlegenen schädlichen Querkräfte durch große Gewichts- bzw. Formstabilität des Bootsrumpfes oder durch lebenden Ballast an einem wirkungsvollen Hebelarm (Trapez) sicher aufgefangen und schnell ausgeglichen werden können. Anderenfalls schadet es nicht, dem Wind weniger Segelfläche anzubieten und damit etwas weniger Gesamtkraft zu erzeugen, weil ohnehin der größte Teil von jeder Zuwachsrate schädigend wirkt.

Die in Position C unterbrochene fette Kurve für die Gesamtkraft F_T gibt den Übergang von einem flachen zu einem gewölbten Segel an. Ein Kurswinkel von 70° zum atmosphärischen Wind ist zweifellos noch zu früh, um ein flachgezogenes Segel wieder bauchiger zu trimmen – oder umgekehrt: Wo das flache Segel gerade anfängt, mit geringerer Gesamt-

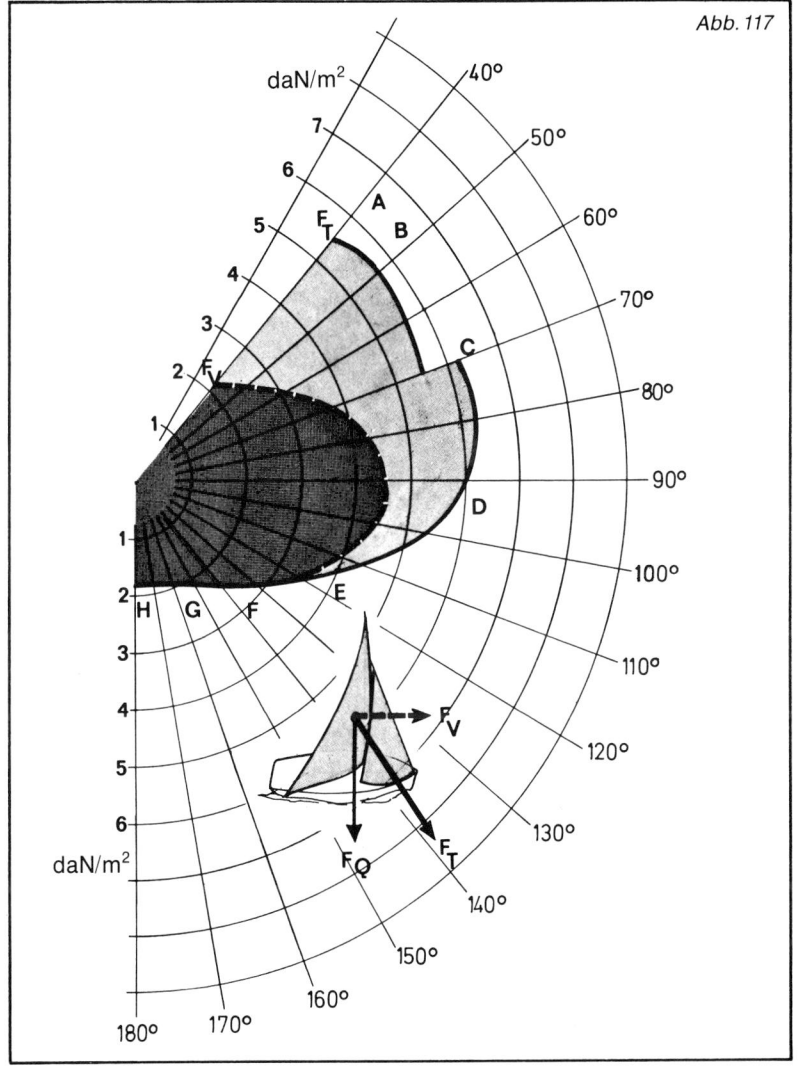

Abb. 117

kraft einen nützlichen Vorschub bei verminderten Krängungskräften zu liefern, erzeugen wir mit einem bauchigeren Segel durch die größere Gesamtkraft nur mehr schädliche Krängungskräfte, ohne die Vorschub-Komponente zu vergrößern.

Demgegenüber ist es von einem Kurswinkel ab 120° (Pos. E–H) unbedenklich, so viele Zusatzsegel wie möglich zu setzen (sofern sie sich in ihrer Wirkung nicht gegenseitig beeinträchtigen), weil jetzt (bei richtigem Segeltrimm) überhaupt keine Krängungskräfte mehr entstehen. Wie riskant der Einsatz dieser Hilfsaggregate im Kursbereich von ca. 90° zum atmosphärischen Wind noch sein kann (Pos. D), zeigen beide Kurven deutlich. Hier hängt es von der (relativen) Windgeschwindigkeit ab, welche Zusatzsegel man setzt bzw. zu welchem Zeitpunkt man sie austauscht.

Soll und Haben

Ziehen wir zum Schluß eine Bilanz und verschaffen uns eine Übersicht über die möglichen und die tatsächlich erreichten Leistungen unseres Bootes. Die wichtigsten Konten unseres Kontenplanes, auf denen wir Gutschriften und Belastungen bzw. mögliche und erreichbare Leistungen festhielten, haben wir ausgewertet; einige weitere werden wir uns noch später genauer ansehen – aber diese Feinabstimmung kann in einer vorläufigen Schlußbilanz erst einmal unberücksichtigt bleiben.

Unsere Abbildung 118 zeigt auf der Soll-Seite drei gegebene Windgeschwindigkeiten von 7 kn (3,5 m/s oder Beaufort 2–3) für übliches leichtes Wetter, 13 kn (6,5 m/s oder Beaufort 4) für übliches mittleres und ideales Segelwetter sowie eine Windgeschwindigkeit von 18 kn (9 m/s oder Beaufort 5) für hartes Wetter.

Auf der Soll-Seite sind ebenfalls die beiden Bootstypen zu verbuchen, mit denen wir segeln: links ein kleiner Seekreuzer von ca. 7,00 m Länge über alles und mit einer Wasserlinienlänge von ca. 6,30 m, ausreichender Segelfläche, guter Breite, normaler Verdrängung und entsprechendem Tiefgang. Auf der rechten Seite eine Jolle von ca. 4,50 m Länge über alles, mit einer Wasserlinienlänge von 4,20 m, ebenfalls normalem Bootsgewicht, guter Breite und ausreichender Segelfläche.

Im Soll steht ebenfalls die mögliche Geschwindigkeit, die unsere beiden
Boote überhaupt erzielen können. Das ist ein sehr wichtiger Wert auf
unserem Konto; denn oftmals verkauft man uns Boote mit etwas frisier-
ten Kontokarten, und wir sind als Bootseigner oder Rudergänger dann
oft enttäuscht, wenn wir die im Soll doch offenbar ehrlich vorgegebenen
Werte durch unsere Segelkunst weder mit mehr Segelfläche noch mit
mehr Wind im Ist erreichen.

Die beiden abgedeckten Halbkreisflächen geben diese Sollwerte ehrlich
an: Ein kleiner Seekreuzer kann als Verdrängerboot sein Wellensystem
nicht verlassen; seine maximale Rumpffahrt (in km/h) läßt sich nach der
Formel

$$V_{max} = \sqrt{L \times 4{,}5}$$

ermitteln. Sie beträgt zum Beispiel bei einer Länge über alles von 7,00 m
und einer Länge in der Wasserlinie von 6,30 m höchstens 6 kn, die wir
hier als „Soll" angesetzt haben. (Eine Yacht von 8,00 m Länge mit einer
LWL von 7,10 m könnte maximal 6,5 kn laufen, ein Halbtonner von 9,00 m
Lüa mit einer Wasserlinienlänge von 7,80 m wäre maximal 7,0 kn
schnell.)

Ausgangspunkt für diese Kalkulation ist nicht die im Prospekt angege-
bene „Länge in der (Konstruktions-)Wasserlinie", sondern die tatsächlich
in See und Seegang eingenommene Schwimmwasserlinie, die wir hier
schon mit einem erfahrungsgemäß sehr hohen Wert eingesetzt haben.

Ein Seekreuzer hat also immer ein begrenztes Soll, und das Bestreben
der Besatzung kann es nur sein, auf allen Kursen und bei allen Windgeschwindigkeiten diese Grenze schnell zu erreichen (z. B. so hoch am
Wind wie möglich auf dem Kreuzkurs und so weit wie möglich bei leichtem Wetter). Sie kann sie niemals überschreiten (weder bei viel Wind
noch mit Zusatzsegeln auf Raumschotskursen).

Auch für Jollen ist diese maximale Höchstgeschwindigkeit des Rumpfes
vorgegeben. Sie beträgt bei einem Boot von 4,50 m Länge mit einer LWL
von ca. 4,20 m genau 5 kn. Ein schweres Boot mit wenig Segelfläche
kann sich nur in diesem Rasterkreis bewegen wie das Kielboot auf der
anderen Seite – aber eine leichte Jolle kann bei richtiger Formgebung
ihres Rumpfes, mit leichtem Bootsgewicht, viel Segelfläche und guter

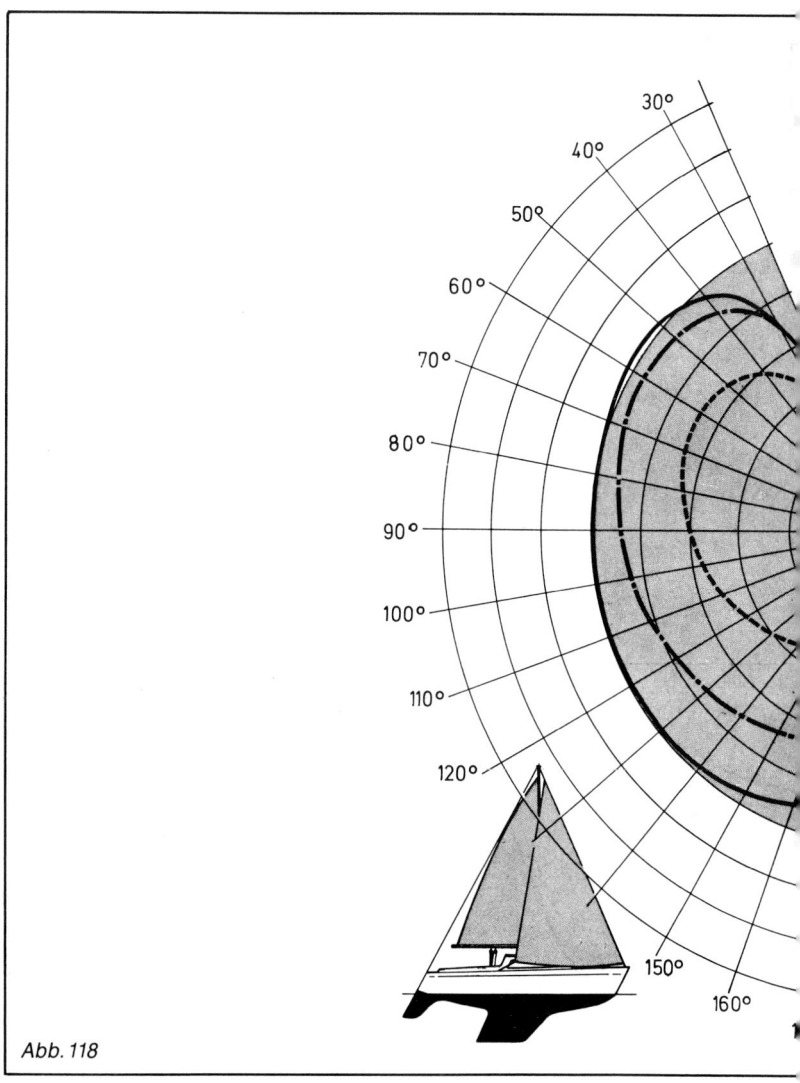

Abb. 118

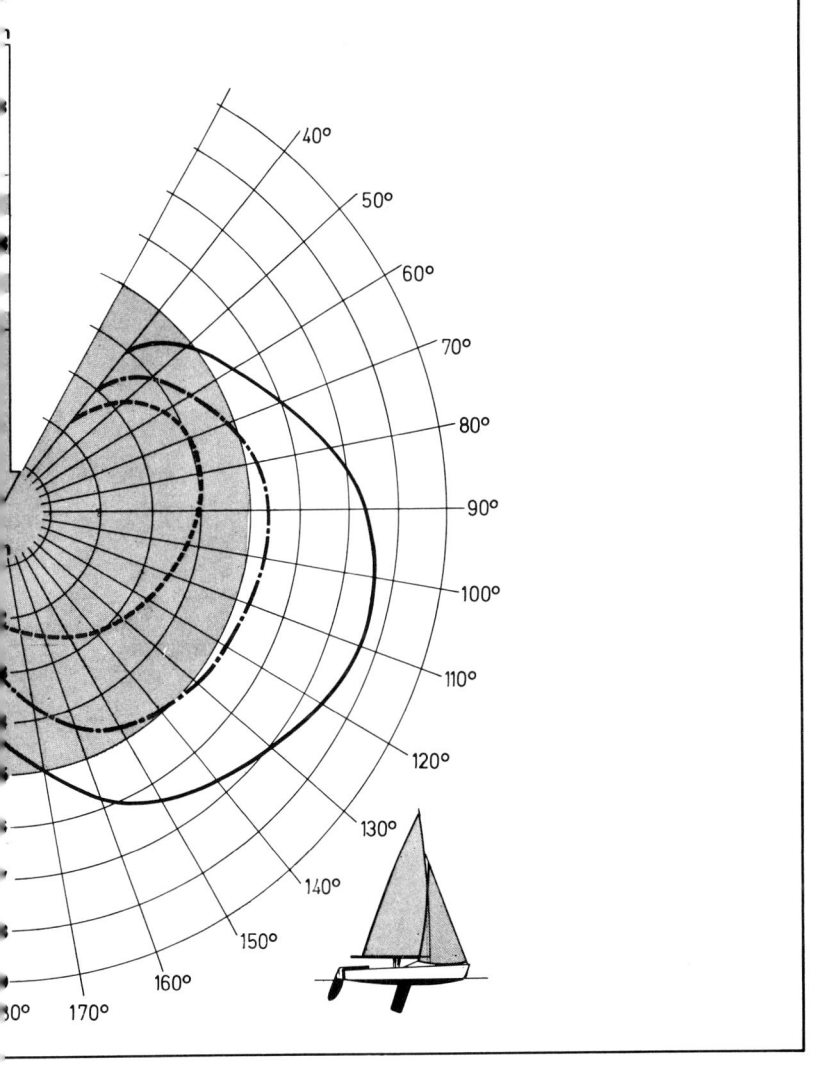

Segeltechnik der Besatzung diese Fesseln ihres Wellensystems bei Verdrängerfahrt abschütteln und halbgleitend in Gleitbereiche vorstoßen. Hierbei vergrößert sie ihre Geschwindigkeit, und (eingedenk unseres perpetuum nautile) hilft ihr der relative Wind dabei mit Zins und Zinseszins.

In der Vergangenheit haben Zeitschriften-Tester und Prospektemacher oft mit falschen Uhren (oder falschen Motiven) höhere Werte auf der Sollseite verbucht, als sie bei kritischer Betrachtung überhaupt möglich sind; denn niemand wird – allein schon durch die rauhe Wellen-Straße – eine Jolle hoch am Wind ins Gleiten bringen, so daß die erreichten Geschwindigkeiten besonders im Bereich bis 50° zum atmosphärischen Wind niemals über derjenigen der maximalen Rumpffahrt liegen können. Auch die übrigen Geschwindigkeiten bei mittlerem und hartem Wetter sind unter dem (hier optischen) Gesichtspunkt der größtmöglichen Verdrängerfahrt zu beurteilen.

Wiederholen wir also noch einmal (Abb. 118): Geschwindigkeit und Leistung eines Kielbootes (linke Seite) und einer Jolle (rechte Seite) bei leichtem Wetter und einem atmosphärischen Wind von 7 kn (gestrichelte Kurve), bei Mittelwetter und einer Windgeschwindigkeit von 13 kn (Strichpunktlinie) und in hartem Wetter bei einer Windgeschwindigkeit von 18 kn (fette Kurve). Die gerasterten Flächen bezeichnen links die maximale Rumpffahrt auf einer Schwimmwasserlinie von 6,30 m, d. h. bei einem Seekreuzer von ca. 7,00 m Lüa, und rechts die maximale Rumpffahrt einer Jolle mit einer Schwimmwasserlinie von ca. 4,20 m, d. h. einer Länge über alles von ca. 4,50 m. Die Jolle kann diesen Bereich bei Gleitgeschwindigkeiten verlassen. Dem Kielboot konzedieren wir eine (in der Praxis selten erreichbare) überaus günstige maximale Leistungsfähigkeit.

Die gestrichelten Leichtwetter-Kurven ähneln sich in ihrem Verlauf: Beide Bootstypen sind nach Luv schneller als nach Lee, weil sie den günstigen Gewinn in der Geschwindigkeit des relativen Windes gut ausnutzen. Erinnern wir uns an die „Wertigkeit des Windes" (siehe Abb. 4), dann wird deutlich, wie stark sich jeder Mehrgewinn von Windgeschwindigkeit durch das Anwachsen der Windkraft mit dem Quadrat der Luftgeschwindigkeit beschleunigend auswirkt, während andererseits durch die Reduzierung der Windgeschwindigkeit auf raumen Kursen trotz der günstigeren Richtung unserer Segelkraft der Vorschub schwindet.

Daß das größere Kielboot hierbei der kleinen Jolle überlegen ist, obwohl sein Leistungsgewicht (das Verhältnis seiner Segelfläche zum Bootsgewicht) ungünstiger ist, hat viele Gründe – nennen wir nur einige: Der Windgradient (s. Abb. 5) erlaubt es dem höher getakelten Kielboot, seine Windenergie aus höheren Regionen zu entnehmen als die Jolle mit ihrem niedrigen Mast, und die breite Jolle erzeugt durch ihren großflächigen Bootsboden gerade bei geringer Fahrt mehr (Reibungs-)Widerstände als das für ganz andere Bedingungen konstruierte schlanke und lange Kielboot – aber das ist ein ganz anderes Thema, in das wir nicht abschweifen wollen.

Wieweit ein langer und tiefer Lateralplan eines Kielbootes dem aufholbaren Schwert einer Jolle überlegen ist, zeigt besonders die Strichpunktlinie der Mittelwetterkurve: Die Kielyacht geht höher an den Wind und ist auf einem Kurs von 30° zum atmosphärischen Wind schon schneller als auf einem Vorwindkurs, während die Jolle die gleiche Geschwindigkeit von ca. 4,5 kn erst mit einem Kurswinkel von 70° erreicht. Jetzt aber scheiden sich die Geister: Bei Beaufort 4 oder 6,5 m/s kann die Jolle auf Raumschotskursen schon einmal auf ihr Wellensystem klettern und durch Surfen im Bereich des Kurswinkels von ca. 100° kurzzeitig über ihre maximale Verdrängerfahrt hinausschießen. Das Kielboot bemüht sich vergeblich, sein Soll zu erfüllen und die maximale Rumpffahrt zu erreichen. Dies gelingt ihm in einem ganz anderen Bereich, der mehr in Luv liegt: mit einem Kurswinkel zum atmosphärischen Wind von ca. 60°.

Diese typischen Unterschiede zwischen Kielboot und Jolle zeigt die fette Kurve für die Schwerwetterbedingungen bei einer Windgeschwindigkeit von 18 kn oder 9 m/s am deutlichsten. Auf der Kreuz ist die Jolle einem schnellen Kielboot unterlegen; dafür kann sie aber, wenn sie gut konstruiert, richtig besegelt und vor allen Dingen ausgezeichnet geführt wird, auf raumen Kursen weit in den Gleitbereich vorstoßen. Hier liegt auch der Höchstgeschwindigkeitsbereich zwischen 95° und 120° zum atmosphärischen Wind. Das Kielboot erreicht sein Soll bereits mit einem Kurs von

45° zum atmosphärischen Wind – das ist sehr früh. Es hat in hartem Wetter nur das Bestreben, diese maximale Rumpffahrt auf allen anderen Kursen zu behalten; das kann auf Kreuzkursen nur durch Reduzieren der Segelfläche möglich und auf raumen Kursen durch unsere „Hilfsaggregate", d. h. durch Zusatzsegel wie Spinnaker, Tallboy und andere Stagsegel erforderlich werden.

Betrachten wir noch gesondert den Vorwindkurs, dann zeigen sich deutliche Unterschiede zwischen der leichten und schnellen Jolle sowie dem schweren und langsamen Kielboot, das platt vor dem Laken durch seine „Masse in Bewegung" und auch durch seine Rumpfform („Länge läuft") dem breiten Schwertboot deutlich überlegen ist. Hier gelten sinngemäß die gleichen Gründe wie für die unterschiedlichen Leichtwetter-Leistungen beider Boote.

Kehren wir zum Ausgangspunkt dieser Untersuchung zurück: Wie jeder Kaufmann oder jeder Haushalt das ökonomische Fazit in einer Gewinn- und Verlust-Rechnung mit Soll und Haben oder Soll und Ist zieht, sollte auch der Eigner eines Bootes prüfen, wie groß die Spanne zwischen Soll und Ist und damit der Gewinn oder der Verlust bei seinem „Geschäft der Windverwertung" ist. Oft ist seine eigene Segeltechnik daran schuld, daß er die möglichen Sollwerte seines Bootes nicht erreichte. Manchmal kann schon ein geringer (finanzieller und technischer) Mehraufwand die gewünschten Erträge ergeben. Meistens aber wird die technische Möglichkeit unseres Bootes gar nicht ausgenutzt, und es ist nur ein segeltechnisches Problem, um mit einem Mehr an Einsicht und Erfahrung jene größeren Erträge an Freude und Erfolg mit unserem Boot zu erzielen, die uns bislang versagt waren.

Die kleinen, sinnvollen Regler können große Wirkungen erzielen

Bisher hatten wir uns nur mit der Kraft des Segels beschäftigt, die wir erzeugen müssen, um mit unserem Boot genügend Vorschub für eine schnelle Fahrt zu erhalten. Eingedenk des „Windkarussells" (vgl. Abb. 101 und 102) müssen wir sowohl die Richtung wie die Stärke dieser Kraft unter ständiger Kontrolle behalten. Dazu dienen unsere Regler, mit denen wir alle jene sinnvollen Vorrichtungen bezeichnen, die den Anstellwinkel des Segels zum Wind oder zur Kursrichtung, die Segelwölbung und auch die Segelhöhe beeinflussen oder kontrollieren können.

Zu ihnen gehören das Großfall und die Großschot, der Schothorn-Ausholer, die Cunningham-Kauschen im Großsegel und in der Fock, die Fockschot, Strecker, Niederholer und andere. In meinem Buch „Bootskunde für Jollensegler" sind sie genau beschrieben. Hier wollen wir sie nur als Regler unseres „Windmotors" betrachten, sofern sie einen prinzipiellen Einfluß auf die Größe und die Richtung der von unserem Segel erzeugten Kraft ausüben können.

Die Großschot regelt die Kraftrichtung des Segels

Die Großschot hat wichtige Aufgaben zu erfüllen: Sie regelt den Anstellwinkel des Großsegels zum „relativen" Wind und stellt dieses nach Möglichkeit immer auf den optimalen, bei unterschiedlichen Segelwölbungen nicht immer gleichen Anstellwinkel ein. Ihre Aufgabe ist es, durch diesen

171

optimalen Anstellwinkel die größte Kraft des Segels zu erzeugen, die sie immer so weit wie möglich in Kursrichtung lenken soll.

Diese Aufgaben kann sie nur erfüllen, wenn das Segel in allen Teilen, d. h. vom Topp bis zur Großbaumnock, weitgehend verwindungsfrei getrimmt ist. Wenn die Großschot durch ihren mehr waagerecht gerichteten Zug bei wachsenden Raumschotskursen das Segel nicht überall mehr gleichmäßig zum Wind trimmen kann, übernimmt der Baumniederholer diese Aufgabe weitgehend allein, und die Großschot regelt nur die horizontale Bewegung. Man kann die Großschotführung auch so anordnen, daß sie nicht nur die waagerechte Stellung des Segels, sondern auch seine Wölbung verändert. Unter diesen sekundären Aufgaben dürfen jedoch ihre primären nicht leiden (siehe Abb. 119).

Genau betrachtet drehen wir eigentlich beim Bedienen unserer Großschot das Boot um das Segel und nicht, wie man meistens denkt, das Segel zur neuen Kursrichtung des Bootes. Wenn der relative Wind konstant aus einer Richtung wehte, würde uns dieser Vorgang noch bewußter werden als in der Praxis, wo sich auch die Richtung des relativen Windes geringfügig ändert, wenn mit der Kursänderung auch eine Erhöhung oder Verminderung der Fahrtgeschwindigkeit verbunden ist.

Beherzigen wir den Gedanken, das Boot unter dem mit optimalem Anstellwinkel weiter wirkenden Segel zu drehen, dann verlieren wir bei (fast) keiner Kursänderung Fahrt; denn mit dem optimalen Anstellwinkel bleibt auch die laminare Luftströmung an unserem Windmotor erhalten, das Segel erzeugt unverändert seine maximale Kraft, und wir fahren praktisch mit Vollgas um die Ecke.

Legen wir hingegen zuerst Ruder, um den Kurs zu ändern, bedienen dann die Großschot und trimmen das Segel erst wieder auf seine Höchstkraft, wenn der neue Kurs anliegt, dann muß die Luftströmung abreißen, und es dauert wertvolle Sekunden, bis das Segel wieder voll arbeitet; so nimmt man praktisch den Fuß vom Gaspedal, wenn man eine Kurve nimmt oder um die Ecke fährt, ohne daß man es nötig hat.

Wir haben es mit Hilfe der Großschot also im wahrsten Sinne des Wortes in der Hand, auf allen Kursen (siehe Abb. 106–115) möglichst viel von der Gesamtkraft F_T unseres Segels in Vorschub (in Fahrtrichtung) zu verwandeln und möglichst wenig als Querschub (mit den Folgen von Krängung und Abdrift) fühlbar werden zu lassen. Da die Segelkraft durch den Segeldruckpunkt wirkt, der auf ca. halber Masthöhe liegt (Abb. 119–122), macht sich das Krängungsmoment in Querschiffsrichtung deutlicher be-

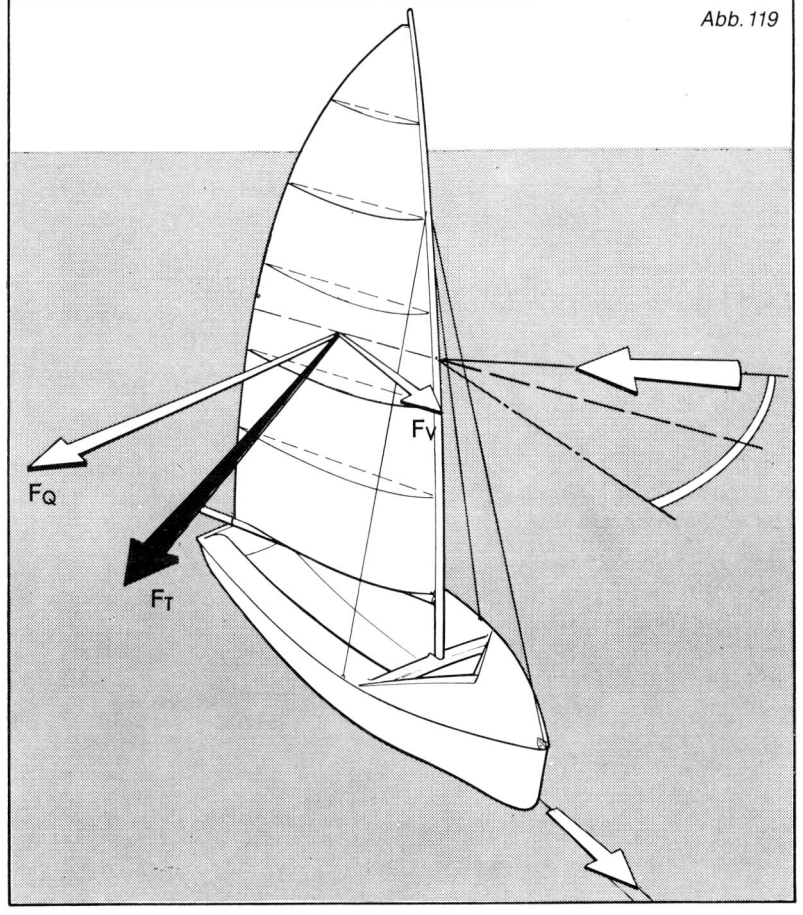

Abb. 119

F_V

F_Q

F_T

merkbar als das nicht minder große Moment, das auch die Vorschub-
kräfte in dieser Höhe erzeugen, das aber durch die Längsstabilität mit
seinen unsympathischen Auswirkungen viel weniger bewußt wird.
Abbildung 119 zeigt den prinzipiellen Anteil von Vorschub und Querkraft

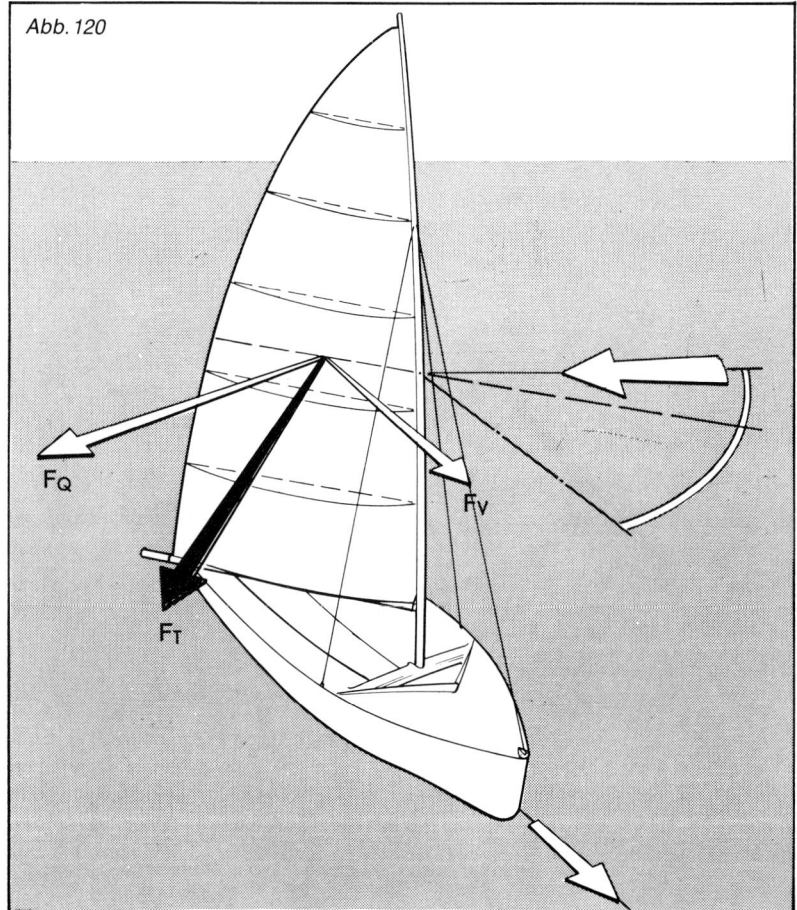

Abb. 120

(Krängung) bei einer Segelwölbung von 12%, einem optimalen Anstellwinkel von 15° und einem Amwindkurs. (Werte siehe Abb. 107.) Wir haben
hier die perspektivische Darstellung gewählt, die die Wirkung anschaulicher erklärt, doch verzerrt die Perspektive etwas die Längen und Winkel.

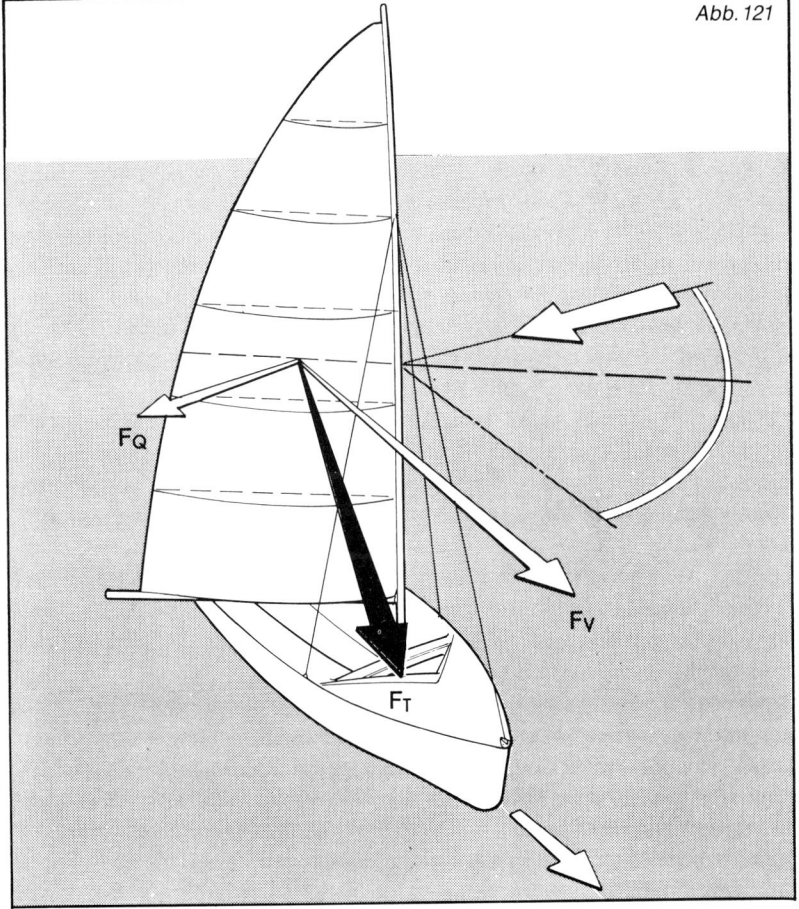

Abb. 121

175

Die Gesamtkraft F_T kann nur zu einem kleinen Teil als Vorschub F_V ausgenutzt werden; der unsympathischen Komponente F_Q mit ihrer vorwiegenden Krängungskraft, die (so hoch am Segel) durch den Segeldruckpunkt wirkt, gilt auf diesem Kurs unser Hauptaugenmerk.

Hart raum ist die Kraftrichtung unseres Windmotors viel weiter in Kursrichtung gelenkt (Abb. 120). F_V und F_Q sind jetzt annähernd gleich groß – das ist ein doppelter Erfolg: Nicht nur der Vorschub wurde verdoppelt, auch der Querschub wurde halbiert. Dies ist der wohl sensibelste Kurs für eine Feineinstellung des Windmotors auf den gewünschten Kurs. Hier muß auch die Crew meistens entscheiden, ob sie andere Regler wie Vorliek- und Unterliekstrecker bedient, um die Segelwölbung zu verändern oder flache Vorsegel durch bauchige zu ersetzen. Die Entscheidung ist oft nicht leicht (vgl. Abb. 108a und 108b), weil die gewünschte größere Segelkraft meistens mit einer ungünstigen Richtung verbunden ist und sich die kleinere Kraft in genau den gleichen Vorschub, aber ohne die größere Krängung verwandeln läßt.

Auf raumen Kursen kann man demgegenüber die Richtung der Kraft vernachlässigen und einfach für mehr Feuer unter den Kesseln sorgen (Abb. 121). Je weiter sich der Kurs des Bootes unter dem aufgefierten Segel nach Lee wendet, desto unbedenklicher kann man von einer mittleren auf eine größere Segelwölbung umschalten.

Vor dem Wind ändern sich die Bedingungen (Abb. 122): Die Segelkraft entsteht hauptsächlich durch den Widerstand, den das aufgefierte Segel als Windfang bietet; die Segelkraft selbst zeigt zwar in Fahrtrichtung, aber sie hat sich doch merklich vermindert.

Raumschots erhalten wir bekanntlich durch die viel geringere Geschwindigkeit des relativen Windes eine weit geringere Gesamtkraft, weniger Vorschub und einen kaum noch nennenswerten ungünstigen Querschub. Aber wenn auf Raumschotskursen die Zeichen des Wetters nicht beachtet werden und ein Boot bei schnell zunehmender Windgeschwindigkeit mehr Segelkraft und damit auch mehr Vorschub erzeugt, als es in Fahrtgeschwindigkeit umsetzen kann, sorgt dieser übermäßige und nicht zu verkraftende Vorschub an seinem hohen Punkt über Deck für eine vergleichbare Wirkung wie der übertriebene Querschub auf einem Am-

176

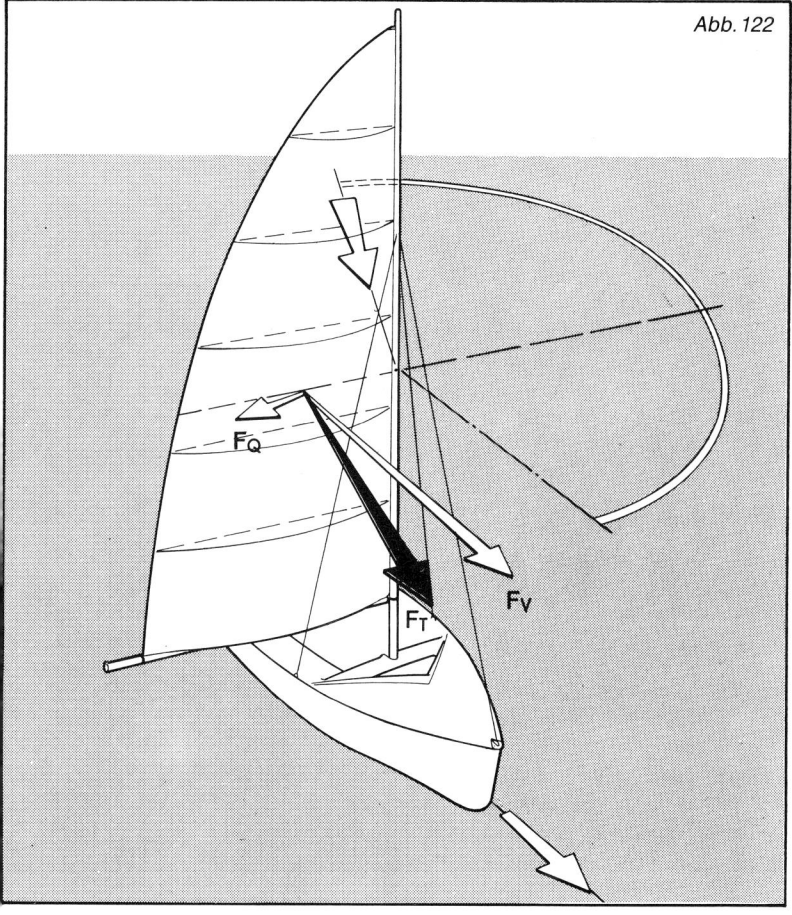

Abb. 122

windkurs: Er versucht, das Boot in Längsschiffsrichtung zu kippen. Da aber die Längsstabilität diesem Bestreben übermächtig entgegenwirkt, bricht der Mast irgendwo zwischen Deck und Druckpunkt – damit das Gleichgewicht der Kräfte wiederhergestellt ist. Auf einem Raumschots-

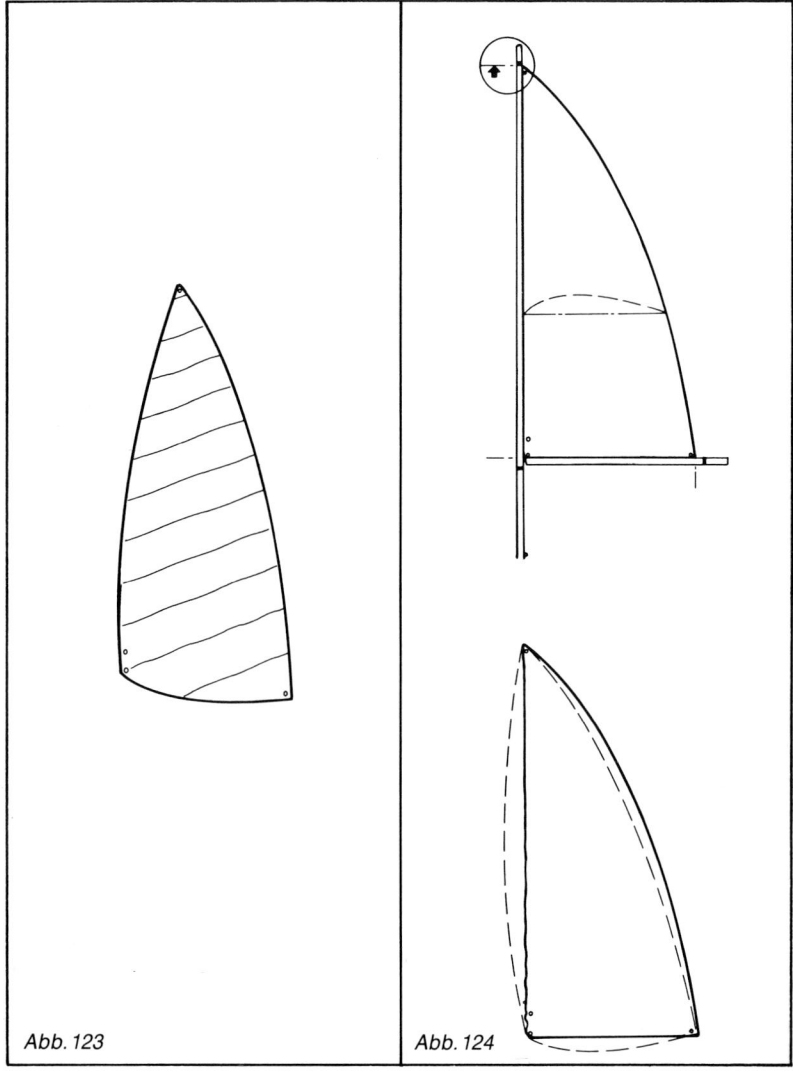

Abb. 123

Abb. 124

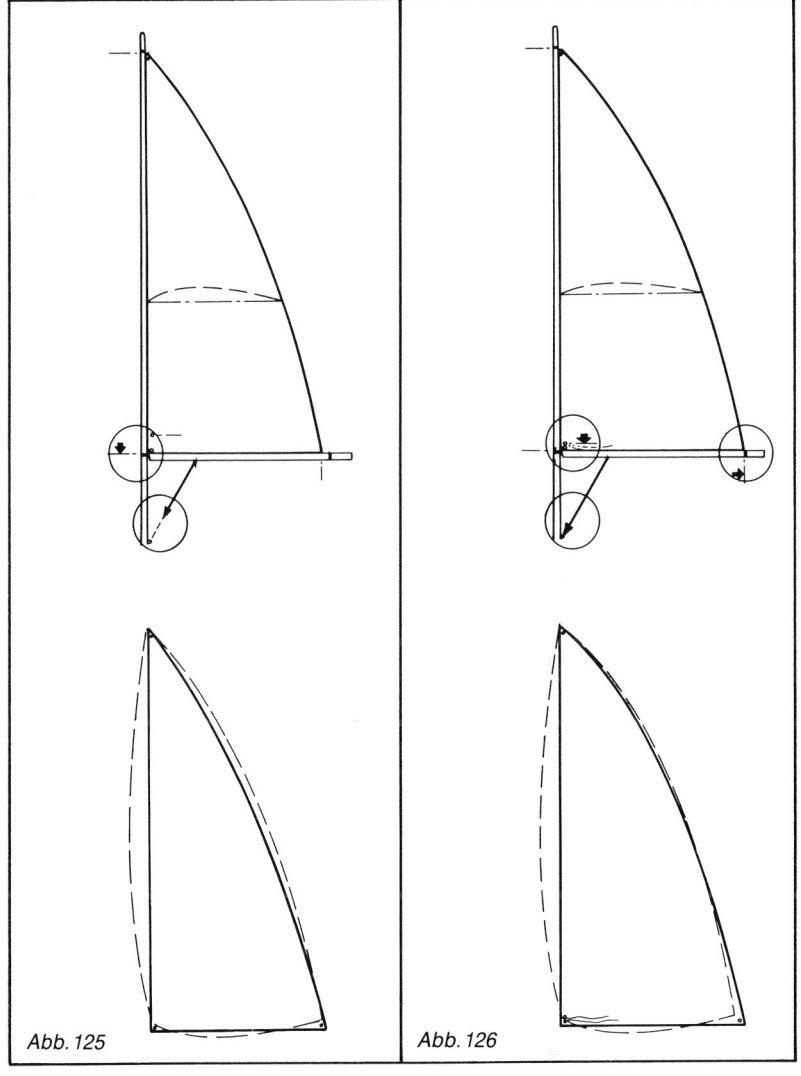

Abb. 125

Abb. 126

kurs gibt es kein Sicherheitsventil wie auf dem Kreuzgang, wenn das Boot selbst durch seine Krängung dafür sorgt, daß die effektive Segelfläche vermindert und damit die überschüssige Windenergie verschenkt wird.

Aber die Großschot ist nicht nur ein feinfühliger, sondern auch ein grober Regler: Sie kann – wenn es gar nicht anders geht – auf raumen Kursen den Anstellwinkel zum relativen Wind kleiner und immer kleiner werden lassen, so daß (zuletzt mit flatterndem oder teilweise killendem Segel) der Wind aus den Segeln geschüttelt, die Windenergie weitgehend verschenkt und mit der Segelkraft somit auch der Vorschub mit seiner gefährlichen Biegezugbelastung des Mastes auf ein erträgliches Maß reduziert wird. Aber für dieses Bremsen gibt es bessere Mittel, über die wir noch sprechen werden.

So verändert man die Segelwölbung

Der Segelmacher arbeitet die gewünschte Segelwölbung durch einen einfachen Trick in unser Segel hinein: Er schneidet die Kanten der Bahnen, aus denen das Segel zusammengesetzt ist, in Richtung auf die Vor- und Achterlieken leicht rund und gibt den beiden Lieken selbst einen runden Schnitt, der zuerst gar nicht auffällt, wenn wir das Segel flach auf dem Boden ausbreiten (Abb. 123). Ziehen wir jetzt das Vorliek in den starren Mast und das Unterliek in den starren Baum, dann erhält das Segel die gewünschte Wölbung, wenn die Luftströmung richtig am Segeltuch entlang fließt oder mehr direkt in den Segelbauch hineinbläst.

Der erste Regler für die Segelwölbung ist das Großfall: In leichtem Wetter setzt man es nicht so stark durch (Abb. 124) und streckt auch das Vorliek nicht ganz bis zum unteren schwarzen Band, damit das Großsegel die größte eingearbeitete Wölbung behält und die Wölbungstiefe nicht weiter nach vorn geholt wird, als es wünschenswert ist. Damit schaffen wir bereits am Steg die Bedingungen des von uns „bauchig" genannten Segels in Abbildung 71.

Bei mittleren Windgeschwindigkeiten hat der Wind durch seine stärkere

Kraft bereits das Bestreben, den Bauch nicht nur voll auszuwehen, sondern er verschiebt dabei auch die Wölbungstiefe mehr nach achtern. Das ist unsympathisch, weil damit auch die Richtung der Segelkraft mehr nach Lee gelenkt werden kann. Um dies zu verhindern (vgl. Abb. 119–122), wird das Fall nicht nur kräftig durchgesetzt, sondern das Vorliek auch nach unten voll gestreckt und der Großbaumbeschlag in der untersten erlaubten Position befestigt (Abb. 125). Der Baumniederholer hilft dabei, das jetzt von Anfang an flachere Segel so zu halten, daß auch die Wölbung vorn bleibt.

Abb. 127

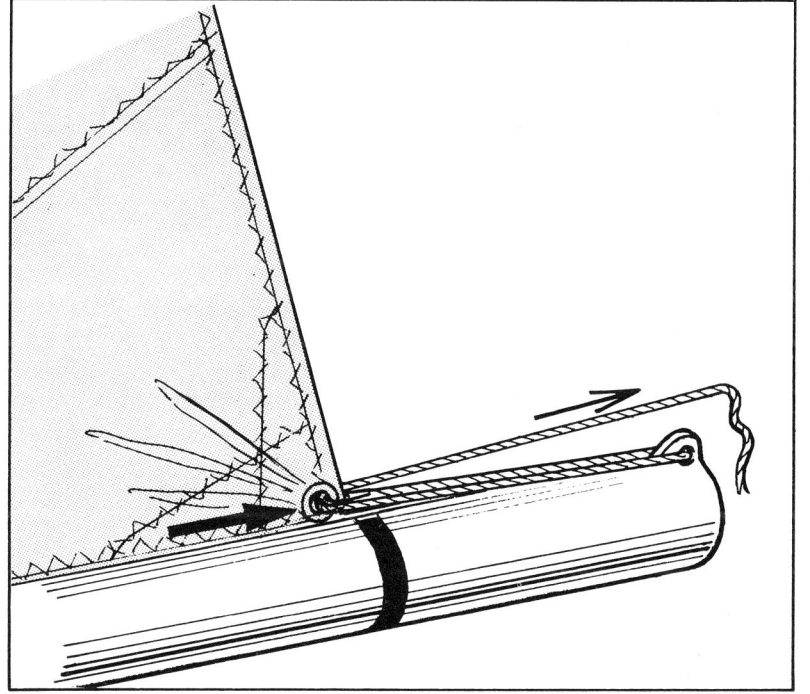

181

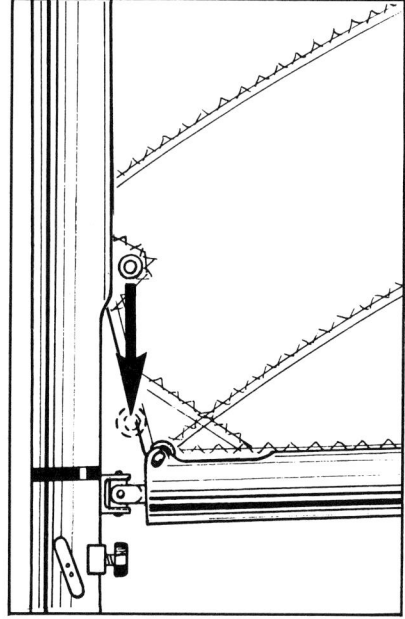

Abb. 128

In mittlerem Wind kann man mit Hilfe des Vorliekstreckers bzw. des Niederholers auch unterwegs dafür sorgen, daß das Segel auf den Amwindkursen mit einer größeren Geschwindigkeit des relativen Windes arbeiten kann, weil es auf diese Weise flacher getrimmt ist. Auf raumen Kursen, in denen eine größere Segelwölbung bei geringeren Windgeschwindigkeiten nützlicher ist, kann es dann wieder bauchiger gefahren werden.

In hartem Wetter muß man von Anfang an dafür sorgen, anstelle eines bauchigen Leichtwettersegels mit einem flacheren Schwerwettersegel auf Fahrt zu gehen. Das mit Hilfe von Großfall, Vorliekstrecker (oder mit Armkraft) und Baumniederholer straff gesetzte Vorliek mit einer flachen, weitgehend nach vorn gebrachten Wölbung ist dann der Ausgangstrimm, mit dem unsere Fahrt beginnt. Gegebenenfalls muß auch bereits vorher

182

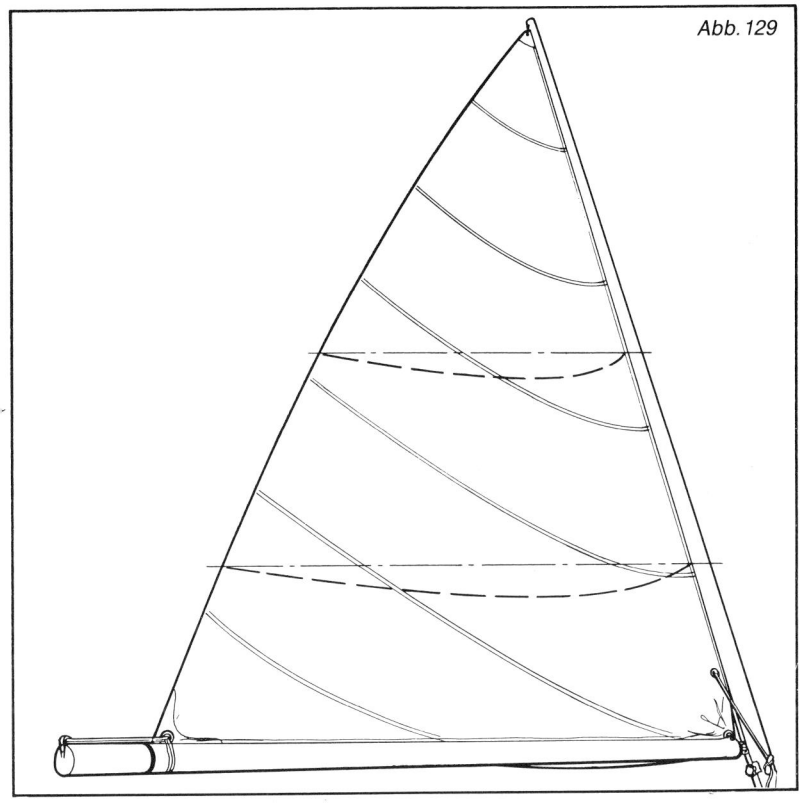

Abb. 129

das Unterliek gestreckt werden (Abb.126), um noch mehr (schädliche und gefährliche) Wölbung aus dem Großsegel herauszuholen. Aber den Schothorn-Ausholer kann man (auf größeren Yachten in jedem Falle) auch unterwegs bedienen. Dieser Segeltrimm ist also die Raumschots-Position mit größerer Segelwölbung.

An der Kreuz wird mit Hilfe der Cunningham-Kausch das Vorliek noch einmal gestreckt, um die Wölbung auf dem Kreuzkurs noch mehr nach vorn zu bringen und damit nicht nur die Kraft zu reduzieren, die das Segel ohnehin (mit einem so großen und schädlichen Krängungsanteil) auf einem Amwindkurs erzeugt, sondern auch die Richtung so weit wie möglich nach Luv zu bringen.

Die folgenden Abbildungen erläutern das Funktionieren dieser Regler noch einmal im einzelnen:

So arbeitet die Cunningham-Talje in Großsegel und Fock

Wie der Schothorn-Ausholer wirkt, den wir in Abbildung 126 erwähnt hatten, zeigt uns Abbildung 127: Auf Jollen ist es eine einfache Ausholerleine, die doppelt oder dreifach geschoren wird und mit Hilfe einfacher Armkraft den Reck im Unterliek des Großsegels regelt. Auf größeren

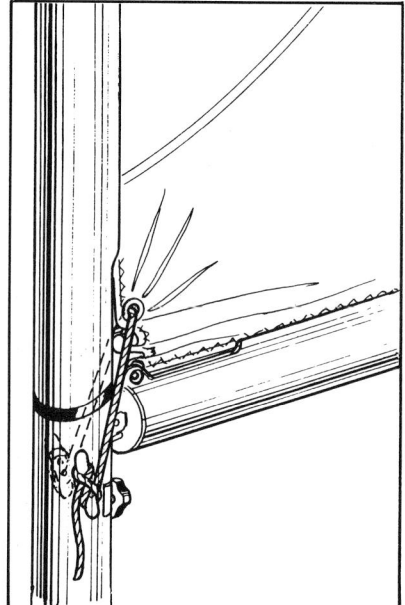

Abb. 130

Yachten benutzt man Taljen, deren holende Part von der Baumnock und am Baum entlang nach vorn führt, so daß man sie auch bei aufgefiertem Großsegel holen oder fieren kann.

Die Cunningham-Kausch am Vorliek des Großsegels zeigt Abbildung 128. Ein Stropp kann bei Bedarf eingesteckt werden oder ständig durch die Kausch laufen. Er ist an jeder Seite des Mastes an einer Klampe befestigt

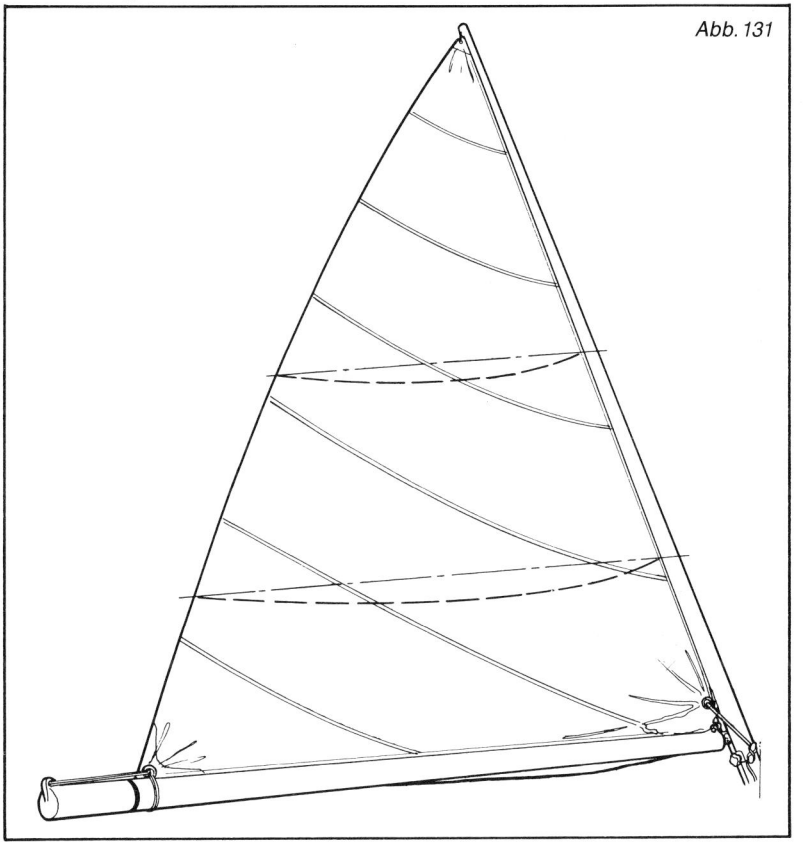

Abb. 131

185

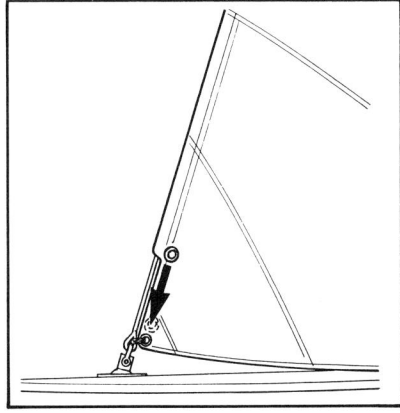

Abb. 132

(Abb. 129). Wie sich die Wölbung des Segels verändert, wenn über den Cunningham-Stropp Zug auf das Vorliek des Großsegels kommt (Abb. 130), sich am Unterliek in Mastnähe das überschüssige Segeltuch zusammenfaltet und sich die Segelwölbung abflacht, ohne daß sich der Punkt der größten Wölbung ungünstig nach achtern verschiebt, zeigt Abbildung 131.

Mit anderen Worten: Dadurch verändern wir praktisch den Beiwert C_T unseres Segels und „bremsen" unseren Windmotor, weil uns die erzeugte Segelkraft genügend Vorschub gibt und die mit wachsender Segelkraft zunehmende Krängung unseres Bootes zu gefährlich wird.

Wie die Cunningham-Kausch auch an einem Vorsegel mit wenig Aufwand eine nützliche Wirkung erzielen kann, zeigen die Abbildungen 132–135: Eine einfache Kausch läßt sich im Vorliek der Fock wie im Vorliek des Großsegels leicht einarbeiten (Abb. 132). Da der Hals des Großsegels (außer auf großen Yachten) meistens außer Reichweite der Crew liegt, ist ein Stropp ständig durch die Kausch geführt (Abb. 133), der dann durch den Halsbeschlag entweder über oder unter Deck bis in Reichweite des Vorschotmannes führt (Abb. 134). So kann er jederzeit ganz oder teilweise durchgeholt werden, so daß auch die Fock durch Strecken ihres Vorlieks (Abb. 135) einen Teil ihres Unterlieks zusammenraffen kann und

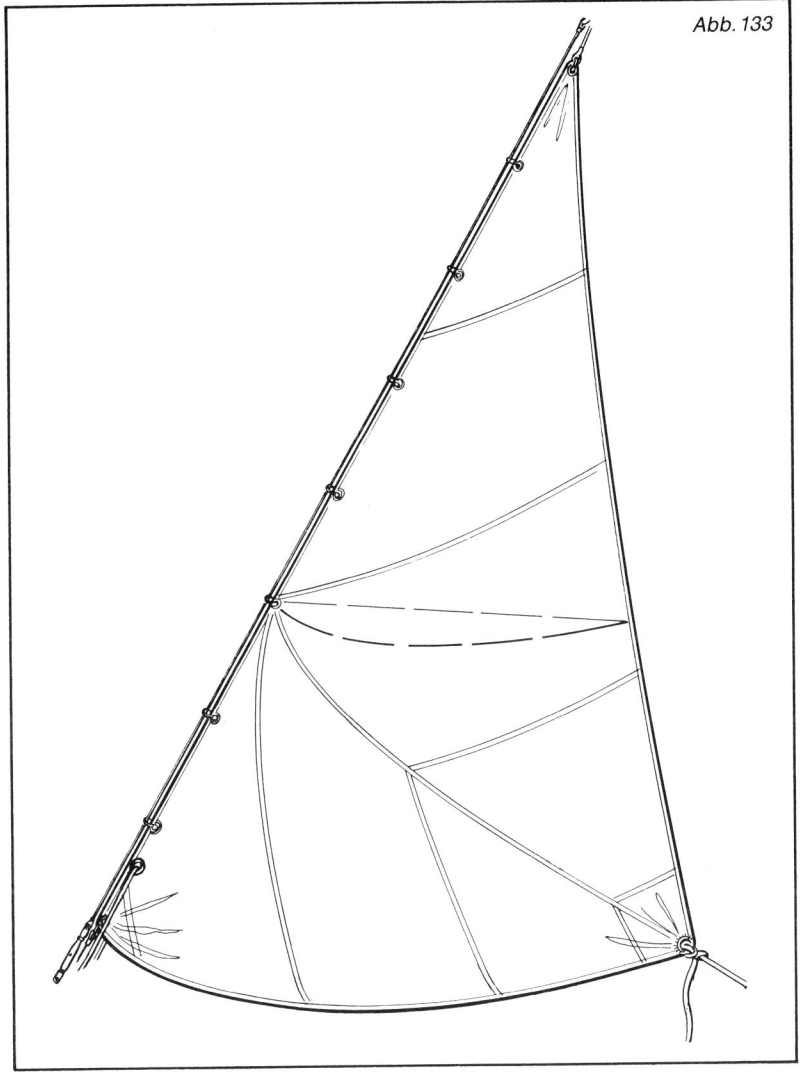

Abb. 133

187

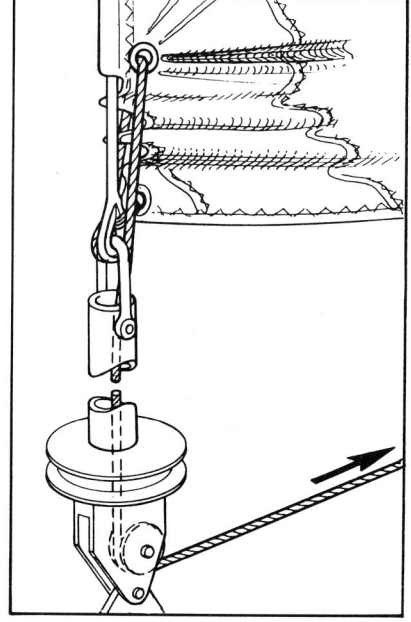

Abb. 134

dabei gleichzeitig ihre Wölbung reduziert. So läßt sich auch jedes Vorsegel unterwegs flach und bauchig trimmen, und was für das Setzen des Großsegels in leichtem und mittlerem Wetter mit Hilfe von Fall und Vorliekstrecker gesagt wurde, gilt sinngemäß auch für jedes Vorsegel.

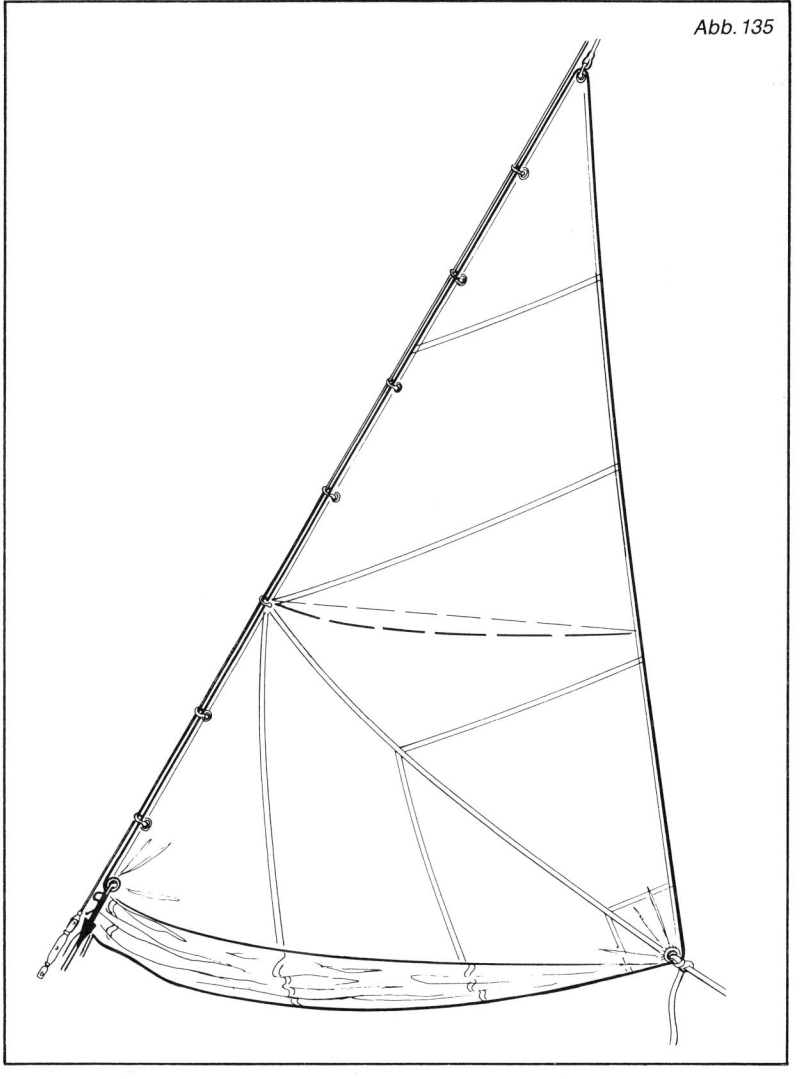

Abb. 135

Anhang

Staudruck-Tabelle für die Windstärken 1–10 nach der Beaufort-Skala und die entsprechenden Windgeschwindigkeiten in m/s und Knoten

Die Werte in Deka-Newton (daN) beziehen sich auf eine Lufttemperatur von 15°C und einen Luftdruck auf Meereshöhe von 1013 hPa und gelten für einen Quadratmeter Segelfläche.

Beaufort	m/s	Knoten	daN/m^2	Beaufort	m/s	Knoten	daN/m^2
1	0,52	1	0,02	7	14,41	28	12,70
	1,03	2	0,07		14,93	29	13,62
	1,55	3	0,15		15,44	30	14,58
2	2,06	4	0,26		15,96	31	15,57
	2,57	5	0,41		16,47	32	16,59
	3,09	6	0,58		16,99	33	17,64
3	3,60	7	0,79	8	17,50	34	18,73
	4,12	8	1,04		18,02	35	19,85
	4,63	9	1,31		18,53	36	21,00
	5,15	10	1,62		19,05	37	22,18
4	5,66	11	1,96		19,56	38	23,34
	6,18	12	2,33		20,08	39	24,64
	6,69	13	2,74		20,59	40	25,92
	7,21	14	3,18	9	21,11	41	27,23
	7,72	15	3,65		21,62	42	28,57
	8,24	16	4,15		22,14	43	29,95
5	8,85	17	4,68		22,65	44	31,36
	9,27	18	5,25		23,16	45	32,81
	9,78	19	5,85		23,68	46	34,28
	10,30	20	6,48		24,19	47	35,79
	10,81	21	7,14	10	24,71	48	37,33
6	11,33	22	7,84		25,22	49	38,90
	11,84	23	8,57		25,74	50	40,50
	12,36	24	9,33		26,25	51	42,14
	12,87	25	10,13		26,77	52	43,80
	13,38	26	10,95		27,28	53	45,51
	13,90	27	11,81		27,80	54	47,24
					28,31	55	49,01

Die **YACHT-BÜCHEREI** ist die preiswerte Bibliothek für eingehendes Fachwissen auf vielerlei Spezialgebieten. Diese Bände sind lieferbar:

Die Bibliothek wird laufend erweitert.
Fragen Sie bitte Ihren Buchhändler und
beachten Sie unsere Ankündigungen.

 **Delius Klasing
Verlag**